JN096206

入門
スクールソーシャルワーク論

内田宏明
[編著]

ミネルヴァ書房

はじめに

　新型コロナウィルス感染症の猛威は，何度も変異を続けながら全世界を覆いつくしている。この中で，国際社会も，日本社会も多大な変化を強いられており，人びとの生活もまた，激しい変化にさらされている。この状況の中で，我が国の学校教育も感染対策の徹底，課外活動や行事の自粛，休校，分散登校，分散教室，オンライン授業などの対応に追われている。子育て家庭の多くもまた，飲食業や，観光業を中心とした営業制限の中での不安定な就労状況の蔓延により，経済的安定が脅かされている。その上，学校，保育園などが子どもの受け入れを止めるとなると，特に低年齢の子育て家庭においては，安心して仕事に出られなくなってしまう。

　そして，子どもたち自身もこれらの甚大なる環境変化により，大きな影響を受けていることが表面化してきている。まずもって，学校における様々な活動の制約と同時に地域における様々な活動が子どもの人間関係の幅を縮め，関係の深さも浅くしているのではないかと大きな心配を生んでいる。また，一方で経済状況の悪化は，なかなか改善されてこない子どもの貧困状況の改善を阻み，保護者の負担はこのところ強い課題提起がなされているヤングケアラーという形でも子どもの家庭生活に大きな影を落とすことになってしまう。この間に発表されている10代で自殺してしまう若者の増加は，これらのことが要因に含まれているのでないかと，深刻な思いに駆られるところである。

　さて，このような厳しい社会の中で子どもの教育と福祉の権利を一体的に護る取り組みは，その重要性を一層高めている。我が国における戦後の学校教育は，敗戦の焼け野原の中から立ち上がるために，貧困にあえぐ子どもたちに学校教育において生活指導という取り組みを通して生活の保障にも取り組んできた。生活の安定がなければ学校において教育を安定して受けることができず，

学校での教育を受けることなしには，将来的に敗戦後の日本社会において自己実現を図っていくことは困難だったのである。この意味で，戦後の学校教育は教育基本法のもとにおいて子どもの教育と福祉の権利を相互補完的に保障してきたと理解されるのである。しかしながら，経済のグローバル化が進展し，学校教育にも高い専門性が求められてくる一方，社会福祉は独自に法制度，組織を整備し専門化が進められてきた。その中で，戦後以来の特徴であった学校教育における教育と福祉の一体的保障は限界を迎え，学校は学校，福祉は福祉という縦割り制度の中で，子どもの抱える様々な課題を捉えていくうえでの盲点が生じていった。これが，2008年度から文部科学省のスクールソーシャルワーカー活用事業に繋がっていくと背景になったのだと理解することができる。

このような認識をもとに本書は，社会福祉と学校教育の基本的な知識をおさえたうえで，学校教育において福祉的な支援を担っていくことを期待されるスクールソーシャルワーカーの支援について現職者が書き下ろした事例に基づいて理解することを目的としている。また，大学の講義のテキストとして活用ができるように，ソーシャルワーク教育学校連盟のスクールソーシャルワーク認定課程のカリキュラムに準拠した内容を整えている。

本書は大きく2部に構成されており，スクールソーシャルワークの基盤となる福祉と教育の理念，法律制度に関わる事項を第Ⅰ部に，スクールソーシャルワークの具体的実践を理解するために現職者が書き下ろした模擬事例とその解説を内容とする第Ⅱ部に構成している。

第Ⅰ部の第1章，第2章においては子どもの権利の理解を中核にして，教育と福祉に関わる原理的事項を歴史的に捉え，その法制度を概観し，今日につながる課題を提起している。第3章，第4章においては海外，国内のスクールソーシャルワークの発展過程を概説している。第5章では，スクールソーシャルワーカーが配置される形態ごとに教育委員会，学校の制度について整理している。第Ⅱ部ではスクールソーシャルワークの実践について取り上げているが，第6章，第7章についてはメゾレベルの実践（学校内支援体制構築，地域支援体制構築）に関して事例を中心にして解説している。第8章についてはミクロレ

ベル（個別支援・家庭支援）の実践について現職のスクールソーシャルワーカーが経験に基づいた書き下ろしの模擬事例を示したうえで解説している。最後にかなり文章量が多くなってはしまったが，あとがきに代えて執筆者による座談会形式で，これからのスクールソーシャルワークを展望した。

　本書をスクールソーシャルワークに関心をもつ方々，現職のスクールソーシャルワーカー，教育委員会関係者に幅広く手に取っていただければ幸いである。

　2022年1月

内 田 宏 明

入門 スクールソーシャルワーク論

目　次

はじめに

序　章	なぜスクールソーシャルワークを学ぶのか

1　学校における福祉とは何か

（1）スクールソーシャルワークの今いる位置

　2008年度の文部科学省の事業として開始されたスクールソーシャルワーク活用事業であるが，現時点で14年度目となり，かなり定着してきた感が関係者にはある。文部科学省はいわゆるガイドラインに以下のように，スクールソーシャルワーカーを定義づけている。

　「SSW（スクールソーシャルワーカーの略称）は，児童生徒の最善の利益を保障するため，ソーシャルワークの価値・知識・技術を基盤とする福祉の専門性を有する者として，学校等においてソーシャルワークを行う専門職である。スクールソーシャルワークとは，不登校，いじめや暴力行為等問題行動，子供の貧困，児童虐待等の課題を抱える児童生徒の修学支援，健全育成，自己実現を図るため，ソーシャルワーク理論に基づき，児童生徒のニーズを把握し，支援を展開すると共に，保護者への支援，学校への働きかけ及び自治体の体制整備への働きかけを行うことをいう。そのため，SSWの活動は，児童生徒という個人だけでなく，児童生徒の置かれた環境にも働きかけ，児童生徒一人一人のQOL（生活の質）の向上とそれを可能とする学校・地域をつくるという特徴がある」[1]。

　要するに，スクールソーシャルワーカーは福祉の専門性を有するものとして，学校等においてソーシャルワークを行う専門職である。関係者には一定以上の認識が広がってきたが，果たして保護者，子ども自身，そして学校の教職員には，スクールソーシャルワーカーとは何であるのか，ご理解いただけているの

であろうか。

2020年度5月に総務省は，文部科学省に対して以下のような勧告を行った。

「文部科学省は，国費負担のSC（スクールカウンセラーの略称）及びSSWの更なる効果的な活用を促進する観点から，教育現場の負担にも配慮しつつ，次の措置を講ずる必要がある。

① SC及びSSWの専門的職務及び具体的な役割について，理解を促進する取組事例等を把握し，教委及び学校との共有

② ①に当たって，SC及びSSWの配置形態が分かるように整理

③ ①に当たって，SSWの個別の活用事例について，児童生徒への支援に関する一連の取組内容とともに，当該取組ごとのSSWが担った具体的な役割及び連携調整を図った関係機関が分かるように整理し，共有

④ SC及びSSWの活用に当たっての課題について，必要に応じて，その原因を把握し，課題の解決策を検討し，教委及び学校と共有」

結局は，教育委員会や学校教職員がスクールソーシャルワーカーの活用方法がわからないので，具体的な支援事例を示しなさいということである。つまりは，関係者が思い込んでいるほど学校における福祉専門職は，一般的な理解がまだまだ得られていないということなのである。従って，ここでもう一度基本に立ち返って，スクールソーシャルワークとは何か，学校における福祉とは何かを追求しなければならないのである。でなければとりもなおさず，子どもの最善の利益の保障など果たすことはできないのである。

（2）学校における福祉とは何か

学校における福祉とは何か。すぐわかりそうでわからない。我が国のスクールソーシャルワーカーの先駆けである山下英三郎はスクールソーシャルワークについて，「非常に簡単に言うと，学校教育制度のなかに福祉的な視点を導入すること(2)」と説明しているが，ここでいう福祉あるいは福祉的視点を簡単には規定することはできない。さて，学校における福祉とは何であろうか。学校教育という，福祉にとっては他分野であるからこそ「福祉とは何か」そして，

「ソーシャルワーカーとは何か」を，まずは教育委員会，学校の教職員に明確に説明できなければ業務遂行に支障をきたす。そして，当事者であり権利主体である子ども，及び保護者に自らの役割を伝えることができない。

　社会福祉学はこの教育分野における福祉について，何ら研究をなしてこなかったのだろうか。我が国の社会福祉学の開祖の一人である岡村重夫は，次のように述べている。

　「我が国の憲法や教育基本法には，『教育の機会均等』を明示するとともに，『国および地方公共団体は，能力があるにもかかわらず，経済的理由によって修学困難な者に対して，奨学の方法を講じなければならない』（教育基本法第3条2）と規定している」「従って教育上の責任を果たそうとすれば，必然的に児童の他の生活分野に対する責任をも，よびおこすからである。このような事業から，教育機関のなかで児童の生活，すなわちその福祉を守るための，各種のサービスが運営せられるようになったのである[3]」。

　この説明から，岡村は子どもの生活そのものを守ることを福祉と捉えていることが推察される。また，岡村も参加した学校福祉研究会が1963年に発行した『学校福祉の理論と方法[4]』においては，学校福祉とは，「学習以前あるいは周辺の諸問題の教育的処理である」「学校福祉の任務は，学習に対する適応を調整してやろうという，学校教育の第一義の仕事と直接結びついているのである」「学校福祉の仕事が完全に行われて，はじめて真に教育の機会均等が達成されるのである」とされている。つまりは，子どもの生活状況を整えることによって学習可能な環境を醸成し，もって教育の機会均等を保障するのが学校福祉であり，これが学校における福祉ということができるであろう。

　学校という他分野の中で福祉とは何かを問うことは，根源的な福祉に対する問いとなり，福祉そのものあり方を深く問い返すことにつながる。

（3）では，そもそも福祉とは何か

　当然ながら福祉は，学校におけるものが先行して論じられてきたわけではない。社会福祉，つまりは社会における福祉が論じられてきたのである。古川は

わが国における社会福祉の定義を分類整理したうえで，社会福祉の統合的規定を試みた。「社会福祉は，市民社会において社会的バルネラブルな状態にある人々に提供される社会サービスの一つであり，多様な社会サービスと連携しつつ人々の自立生活を支援し，自己実現と社会参加を促進するとともに，社会の包摂力を高め，その維持発展に資することを目的に展開されている社会的組織的な施策の体制である」とした。社会的にバルネラブルな状態にあるとは，もろさ，弱さを抱えている状態のことを指す。従って，子どもの場合も何らかの要因で学校社会においてもろさ，弱さを抱えている状態にある場合に，学校生活を支援し，自己実現と学校社会への参加を促進するとともに，学校社会の包摂力を高め，学校の維持発展に資することがその福祉の中身になってくるということができよう。

　一番ケ瀬は，「"生活問題"を社会福祉論のいわゆる起点として，確認したい」とし，生活構造の科学的分析，（憲法第25条で定めるところの）生活権の保障，生活者の社会に対する主体性などの点を強調した。子どもに置き換えて考えると，学校生活の構造の科学的分析，学校における生活権の保障，子どもの学校に対する主体性が福祉の問題ということになろう。

　稲沢は，生活の多様な側面を，「生活（ライフ）は，個人的側面（生命）と環境的側面（日常生活），および，主観的側面（人生）という3つの側面で構成されている」と捉えて，これらを包括的に視野に収めながら生活問題を理解して，多様な支援を柔軟に展開することとしている。当然，子どもにおいても，生活を生命，日常生活，人生という3つの側面で捉えることが重要である。

　スクールソーシャルワークに関する学びは，教育と福祉の両面にわたる幅広いものである。さらに，現在の課題点を鋭く見抜き，歴史的な文脈の中で捉える視点も重要である。また，子どもを支援するということは，子どもに留まらずその家族をも支援していくことを含み，この幅広さ，奥深さ，多角的視点を学び取ることがスクールソーシャルワークを学ぶことの大きな理由となるであろう。

2　スクールソーシャルワークとは何か

（1）山下英三郎の定義

　我が国のスクールソーシャルワークの草分けである山下英三郎は，アメリカの大学院で学んだスクールソーシャルワークを1986年から埼玉県所沢市の教育委員会で展開した。その実践を通して，山下は「子どもたちを取り巻く状況を概観したうえで，人間関係の調整を通して，彼（彼女）らのウェルビーイングを実現するための支援者」，「子どもの側に身を寄せ彼（彼女）らの最善の利益を実現するという観点で協働し，代弁する大人の存在⁽⁸⁾」をスクールソーシャルワーカーと定義した。

　山下の定義は徹底したクライエント中心アプローチをとっている。川村はクライエント中心アプローチを，「権威的立場からは助言せず，誠実で温かな関係を提供し，問題を抱える人々を『受容』する。そして彼らの抱える問題に耳を傾け，深い『共感』と『純粋で，無条件で，肯定的な関心』を示し，そこから湧き上がる感情の世界を分かち合うことに力を注ぐ⁽⁹⁾」と説明している。

　つまり，スクールソーシャルワーカーは，学校あるいは教育委員内に配置される子ども中心主義アプローチを実践するソーシャルワーカーであるということができる。

（2）他の論者の定義

　門田は学校（スクール）ソーシャルワークの目的を「児童生徒の等しく教育を受ける権利や機会を保障していくこと」とした上で，「学校ソーシャルワークは，児童生徒の成長・発達と教育が保障されていない社会不正義な状態にある児童生徒に対して，状況改善に向けて取り組んでいきます⁽¹⁰⁾」としている。

　山野は主に機能面に着目し，スクールソーシャルワークは「福祉ニーズの一つとして，ミクロにもマクロにも着目し，本人家族のみでなく，学校の理解を深めていく学校組織への働きかけ，制度的不足や何が問題になっているのか把

握を市町村全体で行っていくために市町村にまでも働きかけを展開していく」としている。

　鈴木もスクールソーシャルワーカーへの役割期待を中心にして，「子どもたちが学校における諸体験を最大限有用なものにしていくために，ソーシャルワークは，子ども最善の利益を基盤として，代弁や代理，仲介，調停，調整，保護，組織開発という機能に寄与する[11]」としている。

　野尻は日本ソーシャルワーク教育学校連盟による定義に触れた上で，「子どもをめぐる排除」の問題を洞察すること，「学校という場」のもつ問題を広い視点から検証すること，子どもが抱える教育と福祉の谷間の問題視座を有することの重要性を強調している[13]。

3　スクールソーシャルワークの価値と倫理

（1）子どもの権利条約が示す価値

　我が国においては，統一した子ども観[14]を示す国内法規は存在しない。教育基本法，学校教育法には文部科学省の捉えが，児童福祉法には厚生労働省の捉えが，少年法には法務省の捉えが示されているのである。かつての児童憲章が国としての子ども観を打ち出そうとしたが，各条文を各省庁が提示するに留まり，統一された子ども観を示すには至っていない。この状況は1940年に発刊された『生活教育論』の中で留岡清男により既に指摘されており，文部省の文政型の児童観と，厚生省の恤救型の児童観と，司法省の行刑型の児童観の間で分裂が生じていることが指摘されている。

　この状況の中にあっては，我が国が批准している子どもの権利条約に統一的な子ども観の論拠を求めるほかないであろう。1989年に国際連合において全会一致で採択され，我が国においては1994年に批准したこの条約は，第3条において「子ども最善の利益（the best interest of children）」を提起している。即ち，「児童に関するすべての措置をとるに当たっては，公的若しくは私的な社会福祉施設，裁判所，行政当局又は立法機関のいずれによって行われるものであっ

ても，児童の最善の利益が主として考慮されるものとする」のである。全ての大人は，子どもにとって最も良い判断をしていかなければならないのである。そして，第12条においては，子どもの意見（view）表明権がうたわれている。「締約国は，自己の意見を形成する能力のある児童がその児童に影響を及ぼすすべての事項について自由に自己の意見を表明する権利を確保する。この場合において，児童の意見は，その児童の年齢及び成熟度に従って相応に考慮されるものとする」である。つまり，ここで示されている子ども観は「子どもは権利の主体」として，意見を表明できるということである。また，同時に年齢や成熟度に相応に考慮される存在であることも示されている。つまり，積極的な権利の行使主体であると同時に，その権利を大人によって守られる受動的な権利主体であるという両方向からの子ども観が示されているのである。そして，この二つの要素を統合すると，決定の場に子どもが参加し，その場において表明した意見が正当に重視されることが，子ども最善の利益を決めていく上で必要不可欠であることが導かれるのである。

　2002年に国際ソーシャルワーカー連盟は研修マニュアル「ソーシャルワークと子どもの権利」を刊行した。これは，全世界のソーシャルワーカーが子どもの権利条約に則った取り組みをするためのものであり，我が国においても翻訳がなされた。その中で，子どもの権利は「生きる権利」「育つ権利」「守られる権利」「参加する権利」の４つに分けて説明されている。そして，生まれたときからひとりの人間として尊重すること，子ども時代はそれ自体が固有の価値を有すること，子どもの権利擁護の観点から子どもは自分の人生を切り拓く主人公であることなどが説かれている。国際社会から提示された子ども観の意味を深く，重く捉えなければならないであろう。

（2）ソーシャルワークにおける価値

　ソーシャルワークにおける価値について大谷は，「人間の尊厳と社会正義はソーシャルワークが譲れない価値として最も重視してきた」[15]と述べている。さらに人間の尊厳について，個人が自分自身である権利を有し，必要に応じて援

助を用いながら自分の問題を解決していく権利を持つと説明している。また，社会正義については，国際ソーシャルワーカー連盟（IFSW）の倫理綱領の中で，ソーシャルワーカーには社会正義を促進する責任があるとされ，差別に立ち向かうこと，多様性を認めること，資源の公正な配分，不当な方針や実践に異議申し立てすること，インクルージョンに向けて連帯して働くことなどが示されている。

　この社会正義の議論に関して，もう一歩深めると，社会正義は差別のない社会を目指すわけであるが，それは平等な社会なのか，公正な社会なのかを理解しなければならないことに気づく。つまり，平等な社会とは各世帯一律に5万円を給付するような，みんなに同じものを与えるというような発想を示す。それに対して公正な社会とは，必要に応じた資源配分を示し，例えばひとり親家庭で子どもが3人いる世帯には20万円を給付し，二人親世帯で収入は十分ある世帯には給付をしないという発想を示す。無論，ソーシャルワーカーがめざすのは，後者の公正な社会である。

　2014年に国際ソーシャルワーカー連盟，国際ソーシャルワーク教育学校連盟（IASSW）の総会において採択された「ソーシャルワーク専門職のグローバル定義」は，以下の内容である。

　「ソーシャルワークは，社会変革と社会開発，社会的結束，および人々のエンパワメントと解放を促進する，実践に基づいた専門職であり，学問である。社会正義，人権，集団的責任，および多様性の尊重の諸原理は，ソーシャルワークの中核をなす。ソーシャルワークの理論，社会科学，人文学，および地域・民族固有の知を基盤として，ソーシャルワークは，生活課題に取り組みウェルビーイングを高めるよう，人々や様々な構造に働きかける」。

　ここにおいては，さらに集団的責任つまりはコミュニティ等において支え合うような関係性を重視する視点，多様性の尊重が提起されている。スクールソーシャルワーカーも，このグローバル定義によって定義づけられることはいうまでない。

（3）スクールソーシャルワークの倫理

　石川は倫理について，「『倫理』とは，それ自体が永遠不変なものと考える立場と，社会的合意や歴史の影響を受けながら，その社会の中で生きる人々にとって守られるべきものを指す。医療，保健，福祉など対人援助に関わる全ての職業で倫理原則が定められており，倫理綱領を持つことが専門職として成立する基準でもある(16)」と理論的に説明している。

　日本社会福祉士会は2020年に倫理綱領(17)を改定した。これは，グローバル定義に対応したものである。ここに示された倫理基準の内容は，スクールソーシャルワーカーも遵守するべきものであるので，クライエントに対する倫理責任をここに示しておく。

　クライエントに対する倫理責任

①　（クライエントとの関係）社会福祉士は，クライエントとの専門的援助関係を最も大切にし，それを自己の利益のために利用しない。

②　（クライエントの利益の最優先）社会福祉士は，業務の遂行に際して，クライエントの利益を最優先に考える。

③　（受容）社会福祉士は，自らの先入観や偏見を排し，クライエントをあるがままに受容する。

④　（説明責任）社会福祉士は，クライエントに必要な情報を適切な方法・わかりやすい表現を用いて提供する。

⑤　（クライエントの自己決定の尊重）社会福祉士は，クライエントの自己決定を尊重し，クライエントがその権利を十分に理解し，活用できるようにする。また，社会福祉士は，クライエントの自己決定が本人の生命や健康を大きく損ねる場合や，他者の権利を脅かすような場合は，人と環境の相互作用の視点からクライエントとそこに関係する人々相互のウェルビーイングの調和を図ることに努める。

⑥　（参加の促進）社会福祉士は，クライエントが自らの人生に影響を及ぼす決定や行動のすべての局面において，完全な関与と参加を促進する。

⑦　（クライエントの意思決定への対応）社会福祉士は，意思決定が困難なクラ

イエントに対して，常に最善の方法を用いて利益と権利を擁護する。

⑧　（プライバシーの尊重と秘密の保持）社会福祉士は，クライエントのプライ
バシーを尊重し秘密を保持する。

⑨　（記録の開示）社会福祉士は，クライエントから記録の開示の要求があっ
た場合，非開示とすべき正当な事由がない限り，クライエントに記録を開
示する。

⑩　（差別や虐待の禁止）社会福祉士は，クライエントに対していかなる差
別・虐待もしない。

⑪　（権利擁護）社会福祉士は，クライエントの権利を擁護し，その権利の行
使を促進する。

⑫　（情報処理技術の適切な使用）社会福祉士は，情報処理技術の利用がクライ
エントの権利を侵害する危険性があることを認識し，その適切な使用に努
める。

注

(1)　https://www.pref.shimane.lg.jp/izumo_kyoiku/index.data/jidou seitono kyouiku soudannjyuujitu.pdf

(2)　山下英三郎（1994）『時代の風景』学苑社，p 233

(3)　岡村重夫（1963）『社会福祉学　各論』柴田書店，p 146

(4)　学校福祉研究会編（1963）『学校福祉の理念と方法』黄十字会出版部刊，p 3-4

(5)　古川孝順（2008）『福祉ってなんだ』岩波ジュニア新書，p 12

(6)　一番ケ瀬康子（1994）『社会福祉とは何か』労働旬報社，p 266

(7)　稲沢公一，古川孝順編（2007）『生活支援の社会福祉学』有斐閣ブックス，p 237

(8)　山下英三郎・内田宏明・半羽利美佳編著（2008）『スクールソーシャルワーク論』
学苑社，p 8-12

(9)　川村隆彦（2011）『ソーシャルワーカーの力量を高める理論・アプローチ』中央法
規，p 18

(10)　古橋啓介・門田光司・岩橋宗哉編（2004）『子どもの発達臨床と学校ソーシャル
ワーク』ミネルヴァ書房，p 21

(11)　鈴木庸裕編著（2015）『スルールソーシャルワーカーの学校理解』ミネルヴァ書房，
p 16

(12)　「スクール（学校）ソーシャルワーク」とは，「学校教育法第1条で定める学校のう

ち原則として18歳未満の児童生徒を対象とした学校，同法で定める学校に関する施設機関等，地方教育行政の組織及び運営に関する法律で定める教育委員会等，その他の教育基本法及び地方公共団体の条例等で定める学校教育に関する施設・機関・組織その他の施設・機関等（以下，『学校現場等』という）において，学校及び日常での生活を営む上での課題の解決を要する児童生徒とその家庭及びその児童をとり巻く環境・学校・社会・制度等を対象としたソーシャルワークの業務を行うことをいう。スクール（学校）ソーシャルワークの基本は，児童生徒の発達権・学習権を保障し，貧困の連鎖，社会的排除を是正し，一人ひとりの発達の可能性を信頼し，多様な社会生活の場において，とりわけ学校生活を充実させ，児童生徒とその家庭の自己実現を図るために，人と環境のかかわりに介入して支援を行う営みである」と定義している。

⒀　鈴木庸裕・野尻紀恵編著（2018）『学校でソーシャルワークをすること』学事出版，p 52-53

⒁　子ども観とは，子どもにどのような価値を見出すのかという価値観のことである。

⒂　大谷京子「ソーシャルワークの専門的価値とは」木村容子・小原眞知子編著（2019）『ソーシャルワーク論』ミネルヴァ書房，p 143

⒃　石川時子（2019）「ソーシャルワークにおける倫理」木村容子・小原眞知子編著『ソーシャルワーク論』ミネルヴァ書房，p 161

⒄　日本社会福祉士会ホームページ　https://www.jacsw.or.jp/01_csw/05_rinrikoryo/files/rinri_koryo.pdf

第Ⅰ部

スクールソーシャルワークの原理と制度・組織

第1章	子どもを取り巻く環境と スクールソーシャルワークの価値

1 現代社会と子ども・学校

(1) コロナ禍で「生きづらさ」を抱える子どもたち

　私たちが生きる現代社会は，どのような社会なのだろうか。

　今日，新型コロナ（COVID-19）パンデミック下で，ソーシャルディスタンスが求められている。そうしたコロナ禍の中で明らかになったのは，人々の社会的つながりが希薄になっていることではないだろうか。

　日本社会は，多くの人が自ら命を絶つ歪んだ社会である。しかし，自死した人数を見ると，2003年の3万4,427人をピークに2019年には2万169人まで減少していた。しかし，コロナ禍の中で，2020年では速報値で2万750人と増加に転じ，特に女性の自死の増加が示された。このことは，女性が日本社会の中で抱えていた「生きづらさ」が，コロナ禍で表に噴出している状態だといえる。そして，もう一つ指摘しておかなければならないのは，子どもや若者の自死が，ここ数年全体の自死数が減少する中でも増え続け，コロナ禍で追い打ちをかけられていることである。『自殺対策白書』（厚労省，2020年版）では，2019年では10歳～14歳の死因の2位が自死であり，15歳～39歳の死因の1位が自死であった。そして，コロナ禍である2020年では小中高生の自死数は479人であり（文科省『コロナ禍における児童生徒の自殺等に関する現状』），1980年に同様の統計を取り始めてから最多の人数となっている。自死の統計を見る限り，これまでの子どもや若者は常に「生きづらさ」を抱えていた。それが，新型コロナパンデミックの中で，他者とのつながりが薄れて絶たれ，未来への希望が見えない苦しみと絶望が，自死という究極の選択へと社会が追いやっているのではないか

ということである。松本俊彦は，自死は「脱出困難な苦痛を解決するために，『永遠に終焉させる』方法」であり，「脳裏にはもはや絶望しかない」ものだと指摘しているが[(1)]，今日の子どもや若者は，日本社会が生み出す絶望の淵で行き場を失っている状態なのである。

　また，子ども支援現場で見過ごすことができない問題として，子どもたちの自傷行為の問題がある。筆者も，スクールソーシャルワーカーとして実践する中で，少なくない子どもたちが手首や腕など，自らの体を傷つける行為に出くわした。こうした自傷行為について，少なくない支援者は子どもたちが自らの存在を見てほしいというアピール的行為として捉えている節がある。しかし，松本俊彦によれば「自傷の多くは，怒りや不安・緊張，絶望感，孤立感といった不快な感情を軽減するために」行われている可能性が高く，それも誰の助けも借りずに孤立した状態で耐えしのんでいることが指摘されている[(2)]。

　このように，今の子どもたちは徹底して孤立状態に置かれている可能性が高い中で，「生きづらさ」を抱え，もがき，それこそ絶望の淵から必死にSOSを出し続けている状態と言える。少なくとも松本俊彦が調査した結果に基づけば，自傷行為は日本社会の10歳代の若者のおおよそ1割に見られる現象となっており[(3)]，その背後には多くの「今のままの自分でいいのか」と悩む子どもたちの姿があることは，過小評価してはならないだろう。

　では，なぜ今の日本社会は，少なくない子どもたちから生きる希望を奪い去っていくのだろうか。それを生み出す要因として考えられるのは，儲け第一主義としての新自由主義社会の浸透と，それによって生み出されている自己責任論が学校の中にも入り込んでいるからだと考えられる。

　では，学校の問題に入る前に，日本社会の構造について少し考えていきたい。

（2）日本社会の構造が求める人材像

　今日の日本資本主義社会は，グローバルな国際競争を勝ち抜き利益を上げるための生産力向上に対応した人材を強く求めている社会である。それは，政府が進める「一億総活躍社会」の中で，多様で柔軟な働き方ができる人材育成を

めざし，そうした労働市場に対応できる労働力を身に付けることが最大のチャレンジであるとして働き方改革を国民各層に求めていることからもわかる。こうした改革の考え方の背景にあるのが，自らの責任で競争社会を生き抜き，成功を収め，企業の利益に貢献することを求める新自由主義的といわれる考え方である。

　1990年代前半までの日本社会の雇用慣行は，日本的経営と呼ばれる企業社会であり，働く者たちは企業から厳しく管理・支配に置かれた状態であった。それは，企業に貢献する男性正規雇用労働者を確保するために，世帯主である男性が主な稼ぎ手となり家計の維持は主に男性労働者によって担われていた社会であった。しかしその一方で，女性は，専業主婦や就職したとしても昇給・昇格の競争に加わることはできない労働環境に置かれていた。そのため，少なくない女性は家計に対して補助的に収入を得られるパートやアルバイトとして労働市場に参入している状態であった。こうした，1990年代前半までの企業社会を中心とした社会を「日本型福祉国家」と位置づけるとすれば，2000年代に入る前までの日本の家庭を支える体制は，主に男性の終身雇用形態に伴う年功賃金と長時間過密労働と企業内の福利厚生（企業内福祉）によって維持されていたといえるだろう。

　しかし，今日では大きく様変わりしていることに注視する必要がある。なぜなら，1995年に日経連は，これまでの日本的な雇用形態だった終身雇用制度などを改革し，「長期蓄積能力活用型」「高度専門能力活用型」「雇用柔軟型」の3タイプの労働者群を提起する。これは，「長期蓄積能力活用型」以外の雇用形態はすべて非正規の雇用形態に置き換えようとする提起であった。こうした改革がそのまま今日の雇用形態に当てはまるわけではないが，その後の裁量労働制や非正規雇用の拡大へとつながっていく。そうしたもとで，正規雇用労働者への長時間過密労働はよりひどくなり，不安定雇用層も増え続けワーキング・プア＝働く貧困層が拡がる社会構造が出来上がっていったのである。

　こうした不安定な社会が，子どもたちの親の置かれている状態であり，その影響は子どもの貧困が7人に1人という状態を生み出しているように，今を生

きる子どもたちにも及んでいるのである。

（3）現代社会における学校

　堀尾輝久は，人間の発達にとって文化との接触を持ちつつ学習を通して発達
をすることの重要性を指摘している。[4]日本国憲法第26条で学習権が国民（＝市
民）の権利として謳われ，基本的人権の大切な柱となっているのは，人間の発
達保障にとって教育の果たす役割が大きいからである。こうした人間発達に欠
かせない文化を継承し，子どもたちが探求しながら深め，新しい文化の担い手
として成長・発達する大切な居場所が学校という場なのである。

　しかし，学校という場は，無条件に子どもの発達権と生活権を保障する場と
なっているわけではない。児美川孝一郎は，キャリア教育を批判的に論じる中
で，現代社会を「夢を強迫する社会」と位置づけた。[5]つまり，今の日本社会は，
前向きな「夢」や「やりたいこと」を持つことが正しいとされる社会であり，
学校にもなっているというのである。「夢」や「やりたいこと」を持つこと自
体は悪いことではない。しかし，子どもたちが成長する中で，悩み揺れつつ
「やりたいことがみつからない」時期もあるのではないだろうか。そうしたと
き，一緒に悩み揺れながら，子どもたちが自分の人生の歩みをゆっくりとでも
進めるように，支持的関りのある大人の存在が大切なのだろうと思う。

　しかし，「夢」や「やりたいこと」を持つことが正しいとされてしまうと，
悩み揺れている心を持つことそのものが，子どもにとって悪いことかのような
心理状態にさせてしまう。そのことは，実は子どもたちにとってとても辛いこ
とではないだろうか。

　そして，こうした「夢」や「やりたいこと」を持つということは，前向きで
個性的な自己を持つことが奨励される社会であり学校だということでもある。
つまり，将来子どもたちが働き手となったときに，個性的に働き，自らの人生
を自らで切り開く姿が理想だと，働きかけているのである。それは，先行きの
不透明な社会の中で，持続可能な社会を自らの力で歩んでいく，強い個性を求
めているともいえるだろう。

　そうした個性的に自分の責任で働く姿が求められるようになり，評価される
のが今の日本社会だといえる。そのため，悩み揺らぎつつ矛盾を抱えながら成
長・発達する子どもたちの姿を温かく見守る学校の姿ではなく，「夢」と「や
りたいこと」を持つことを急かされる学校の姿に変化し，自らの人生を強く切
り開く個性輝く人材として育つことが社会から求められるようになったのであ
る。

　現在，日本の教育はSociety5.0を国家戦略として位置づけている。これは，
第一に，日本経済の長期停滞（＝失われた30年とも呼ばれる）の脱却のために，
日本の新たな成長戦略としてIT産業を軸とする成長産業を創出するための人
材育成，第二に教育のICT化で最終的には，教育課程や学年・学級といった学
校制度，教師の指導法や養成に根本的に変化を強いること，第三に教育と産業
界の連携，つまり公教育を企業にとって大胆に市場開放することがめざされて
いる。ここでの学びは，「学びの個別最適化」であり，AIなどで自ら学びを積
極的に進められるものは学習も進み，苦手なものはそれなりの学びしか保障さ
れない徹底した「学びの自己責任化」となっている。⁽⁶⁾これこそは，今日の先行
きの見えない社会の中で個性的に切り開いていくことができる人材育成政策と
いえる。

　このように考えてみると，かつて大田堯が「ひとはつくるものではなく，ひ
とになるもの」と述べていた意味を深く考える必要性を痛感する。大田堯は，
「人づくり」や「人材育成」について，「ひとはつくれるものではないんですよ。
生きものとして生きている存在ですから，『生きる』という以外に言いようが
ない」，「ひとは生かせないんです。一人ひとりユニークな持ち味をもって生き
るんです」と厳しく批判している。⁽⁷⁾ここには，教育基本法にいう「人格の完
成」という理念の意味を深く捉えなおす必要を私たちに問う大田堯のメッセー
ジがある。

　この項の最後に，「自分らしさ」という言葉が持っている今日だからこその
危険性について指摘しておきたい。「自分らしさ」と言ったとき，例えばリー
ダー的存在であることや優しく振る舞う姿，ハキハキ自分の意見を言ったり聞

き上手な姿，勉強のできる自分や明るく振る舞う姿など，何かしらのポジティブな「自分らしさ」を持つことが想定されていないだろうか。このポジティブな「自分らしさ」の中に，個性重視社会だからこその危険性が潜んでいるように思われるのである。

　なぜ，ポジティブな「自分らしさ」に危険性があるのだろうか。それは，「らしさ」を測る評価の物差しが，どこからか持ち込まれているからである。日々の「らしさ」物差しは，日々接する子ども同士や教職員，大人たちの評価によって測られていくことになる。土井隆義は，今日の子どもたちは，多様性を奨励する新しい学校文化を生きており，「かつてのように画一的な評価の物差しを押し付けられなくなった代わりに，今度は，身近にいる個別の人間から逐一に評価を受けざるをえなくなっている」と指摘している(8)。そのため，周囲の評価に応えるためのポジティブな「自分らしさ」をつくり出さなければならないのである。その評価に応えられないと自分自身を責め，評価からはみ出てしまうと周囲から排除され，ひとりぼっちになっていく。これは，先にみた「生きづらさ」を抱える孤立感につながっていく危険性があるといえるのではないだろうか。

　筆者は，「あなたはあなたのままでいい」と子どもたちに声をかけたい。しかし，「あなたはあなたのままでいい」と声をかけること自体が，ポジティブな「自分らしさ」を持つことを強制する言葉ともなりかねない。だからこそ，現代の子どもたちの支援に求められる声かけは，「誰の生でもない，あなたの生を生き抜きなさい」というものであり，そのために抵抗と変革者として学校づくりに関わっていくことが支援者には求められており，子どもたちと共に居ることを通じて，支持的に発達を支えていくことではないだろうか。そうした社会福祉的実践を学校文化に組み込んでいくことで，子どもたちの生きる土台を固めていき，子どもたちの発達を保障し，文化的継承と発展の場としての学校へと変革していくことができるのだと考えるのである。

（4）真の自己肯定感を得るために

　今日の子どもたちは，日本の周囲が求めるポジティブな評価の「自分らし
さ」に，常に応えようとしていることで自分を保ち，〇〇のためになっている
自分に安心することで，自らを肯定されているかのように思っているのではな
いだろうか。これは，自己肯定感を得ているようにみえながら，自らの心を共
依存的に傷つけている可能性がある。このような自己肯定感は，周囲からの期
待の物差しで自分を測り，自分の居場所であるかのような虚像にも似た，とて
も軟弱なもので自分を確かめていく。こうした自己肯定感では，子どもたちの
エンパワメントを高めていくことはできない。

　高垣忠一郎は，不登校・登校拒否で悩む親の自助グループについて，親たち
が「揺れながら，支え合いながら待っている」ことが，子どもにとって重要だ
と述べている。特に「待つ」ということに対して，「なぞらえて言うならば子
どもを温めながら待つんだ。『温めながら待つ』。『温める』とはどういうこと
か？　それは『見守る』ことで安心感を与える，そして，『自分が自分であっ
て大丈夫だ』という『自己肯定感』を活性化させる。そうしながら待つんだと
思う」と述べている。(9)このことは先に示した，子どもに対して「誰の生でもな
い，あなたの生を生き抜きなさい」ということに支援者が徹底的に信頼を寄せ
る姿だといえる。こうしてこそ，子どもたちは自己承認欲求が満たされ，真の
自己肯定感が得られていくのである。

（5）弱さのなかに居場所を見つける

　競争的で他者のポジティブな評価に応えようとする価値観は，強者であるこ
とを是とし，そのためにはあらゆる手段を用いることを正当化することに繋が
りかねない。しかし，大田堯がいう「ひとになる」ためには，人間の中にある
弱さに自覚的であってこそ，人間性の開花への発達の可能性が大きく拡がると
いえる。

　弱さを認め合うということはどういうことだろうか。それは，他者の存在を
抜きにして，自分の存在を認識することが難しいということを認めることであ

る。鷲田清一は，ケアについて次にように述べている。それは，「ケアについて考えれば考えるほど，不思議におもうことがある。なにもしてくれなくてもいい，じっとでもうろちょろでもいい，黙っていてもただ待ってくれているだけでもいい，とにかくただだれかが傍らに，あるいは辺りにいるだけで，こまごまと懸命に，適切に，『世話』をしてもらうよりも深いケアを享けたと感じるときがあるのはどうしてだろうか」と。つまり，ただ傍らに居続ける存在で生じるケアの深さを指摘しているのである。

　このケアの深さは，子どもどうしにも当てはまる。弱さを認め合う子どもどうしの存在のあり方は，子どもどうしの中でケアの営みが存在していることであり，ありのままのその子の姿を尊重することにつながる。こうしたケアの営みがあって初めて，子どもの中に自尊感情も醸成されていくのである。

　また，弱さに寛容な居場所の存在は，強い個性を求める社会や学校の中で，一人ひとりが確かな生を生き抜くために大切な力を養うことを助けてくれる。その概念として注目に値するのは，帚木蓬生のいう「ネガティヴ・ケイパビリティ」という概念である。ネガティヴ・ケイパビリティとは，「どうにも答えの出ない，どうにも対処しようのない事態に耐える能力」のことであり，「性急に証明や理由を求めずに，不確実さや不思議さ，懐疑の中にいることのできる能力」を意味する言葉である。これは，性急に答えを求める価値観と真っ向から対立する概念である。なぜならば，今日の社会は，すぐに答えが見つかり，処理する能力が求められる「ポジティブ・ケイパビリティ」の社会であり，これは他者との競争的環境の中で求められている能力である。しかし，ネガティヴ・ケイパビリティとは，他者への信頼と寛容の中で成り立ち，共感的であることによって共に困難に向き合っていくことを養っていく。それは，性急性と競争性の強い新自由主義的価値観に耐え，新しい弱さを認め合う社会づくりや居場所づくりに必要な「耐える力」をケアの営みの中でつくり出すことにつながる考え方である。

　このように考えると，弱さのなかにある力を大切にした支援こそ，子どもたちがどんなに普通から「ズレ」ているような生き方をしていたとしても，「誰

の生でもない，あなたの生を生き抜きなさい」支援へと結びついているのがわかる。

（6）学校が居場所となるために

　この節の最後に，学校が居場所となることの大切さについて簡単に指摘しておきたい。

　残念ながら，今の学校は一度学校教育のレールから外れてしまうと，もう一度レールに戻ることは困難であり，またあまりにも全力疾走で子どもたちを走らせすぎているために，安心して一息をつくことや，いったんレールから外れ寄り道することは許されない場となってしまっている。

　しかし，もし学校に一息がつける，寄り道ができる居場所があれば，子どもたちにとって学校という場が少しは優しい場となるのではないだろうか。田中俊英は高校内にサードプレイスをつくる意味について，次のように述べている。それは，第一に「安心・安全」としての居場所ということである。そして，第二に「ソーシャルワーク」を始めることができるということである。第三に，「文化の提供」をあげている[13]。

　学校という場には，様々な生活問題を抱えた子どもたちが集まってきている。だからこそ，弱さを認め合える安心で安全な場所であり，そこからソーシャルワークの課題が見え支援の方向性を考えることができ，「ひとなる」ための文化の継承と発展を培える居場所を，今の学校は構築する必要があるだろう。

　スクールソーシャルワーカーは，現代社会に生きる子どもの姿をリアルに捉え，子どもたちと共に居ることを通して，子どものための学校とはどうあるべきなのか，個人的なことは政治的なことというフェミニズム運動の視点からも学びながら，抵抗と変革者としての支援者である必要があるのである。

2　子どもの権利主体性——憲法・児童憲章・子どもの権利条約

　1989年に国連で子どもの権利条約が制定され，1994年に日本が批准したこと

により，日本の子どもたちは子どもの権利条約の時代を生きることになる。2016年には児童福祉法が改正され，第一条において「児童の権利に関する条約の精神にのつとり」と，子どもの権利条約の精神が盛り込まれた。しかし，日本社会において，子どもの権利は子どもの権利条約を批准するまで，おろそかにされてきたわけではない。子どもにかかわる専門職や大人はもちろん，子どもたち自身も声をあげ，子どもの権利向上のために不断の努力をしてきた。その力の源となったのは，日本国憲法であり，1951年に定められた児童憲章の存在であり，そのことは軽視することはできないだろう。

　下記に憲法の重要な条文と児童憲章（全文）を記しておきたい。

憲法

第九条　戦争の放棄，戦力及び交戦権の否認

1　日本国民は，正義と秩序を基調とする国際平和を誠実に希求し，国権の発動たる戦争と，武力による威嚇又は武力の行使は，国際紛争を解決する手段としては，永久にこれを放棄する。

2　前項の目的を達するため，陸海空軍その他の戦力は，これを保持しない。国の交戦権は，これを認めない。

第十一条　基本的人権の享有

国民は，すべての基本的人権の享有を妨げられない。この憲法が国民に保障する基本的人権は，侵すことのできない永久の権利として，現在及び将来の国民に与へられる。

第二十五条　生存権，国の社会的使命

1　すべて国民は，健康で文化的な最低限度の生活を営む権利を有する。

2　国は，すべての生活部面について，社会福祉，社会保障及び公衆衛生の向上及び増進に努めなければならない。

第二十六条　教育を受ける権利，教育の義務

1　すべて国民は，法律の定めるところにより，その能力に応じて，ひとしく教育を受ける権利を有する。

2　すべて国民は，法律の定めるところにより，その保護する子女に普通教育を受けさせる義務を負ふ。義務教育は，これを無償とする。

第九十七条　基本的人権の本質

この憲法が日本国民に保障する基本的人権は，人類の多年にわたる自由獲得の努力の成果であつて，これらの権利は，過去幾多の試錬に堪へ，現在及び将来の国民に対し，侵すことのできない永久の権利として信託されたものである。

児童憲章

われらは，日本国憲法の精神にしたがい，児童に対する正しい観念を確立し，すべての児童の幸福をはかるために，この憲章を定める。

　児童は，人として尊ばれる。

　児童は，社会の一員として重んぜられる。

　児童は，よい環境のなかで育てられる。

一　すべての児童は，心身ともに健やかにうまれ，育てられ，その生活を保障される。

二　すべての児童は，家庭で，正しい愛情と知識と技術をもって育てられ，家庭に恵まれない児童には，これにかわる環境が与えられる。

三　すべての児童は，適当な栄養と住居と被服が与えられ，また，疾病と災害からまもられる。

四　すべての児童は，個性と能力に応じて教育され，社会の一員としての責任を自主的に果たすように，みちびかれる。

五　すべての児童は，自然を愛し，科学と芸術を尊ぶように，みちびかれ，また，道徳的心情がつちかわれる。

六　すべての児童は，就学のみちを確保され，また，十分に整った教育の施設を用意される。

七　すべての児童は，職業指導を受ける機会が与えられる。

八　すべての児童は，その労働において，心身の発育が阻害されず，教育を受ける機会が失われず，また，児童としての生活がさまたげられないように，十分に保護される。

九　すべての児童は，よい遊び場と文化財を用意され，わるい環境からまもられる。

十　すべての児童は，虐待・酷使・放任その他不当な取扱からまもられる。あやまちをおかした児童は，適切に保護指導される。

十一　すべての児童は，身体が不自由な場合，または精神の機能が不充分な場合に，適切な治療と教育と保護が与えられる。

十二　すべての児童は，愛とまことによって結ばれ，よい国民として人類の平和と文化に貢献するように，みちびかれる。

　日本が犯したアジア・太平洋への侵略戦争に敗戦し，戦争孤児があふれ，十分な教育環境も整っていなかった時代に，日本の大人たちは憲法に定められている基本的人権を子どもにも保障するべく児童憲章を定め，法的拘束力はなかったにせよ，子ども時代を保障するために歩もうとしていたことは，私たちは心にとめておく必要があるだろう。児童憲章の草案準備会に加わった倉橋惣三は，「児童憲章は，憲法の精神にしたがいとあるが，その憲法の精神には，法の力を以てして未だ充分には実現されていないところがある。それにしたがつて確立される児童観と，それにしたがつてはかられる児童の幸福とは，法の力の以外というか以上というか，この憲章のもつ独自の力によつてこそ実現され得るものである」と児童憲章の持つ意義を強調し，「かくて，われらは，新たに制定せられた児童憲章を前にして，児童から，われらの，この責任と自覚とを問われることを忘れてはならぬ」と述べている。(14)そういう意味では，児童憲章は，子どもにかかわる大人たちの運動的指針でもあり，子どもに対する大

人の責任の表明であった。しかも，ただの守られる客体として子どもを位置づけていたわけではなく，社会を構成する一員として捉えられていたのである。このことは，その後の子どもの権利条約に発展的に受け継がれていくことになる。

（1）子どもの権利条約と今日の子ども

　1994年に日本政府は子どもの権利条約（児童の権利に関する条約）を批准した。法的には，憲法よりも下位に位置づくが，諸法律よりも上位に位置するため，子どもの権利条約からみて問題のある法律は見直さなければならず，また法的整備が行き届いていなければ法整備を行わなければならない責任が日本政府にはある。しかし，日本政府の姿勢は，「特に法令等の改正は必要はない」（1994年，文部省）というものであり，子どもの権利条約に対応した法整備等には後ろ向きの姿勢である。

　しかし，第1節でみたように今日の子どもたちは，子ども期が疎外されている。2019年3月5日に国連子ども委員会は，日本政府第4・5回統合報告書に関する最終所見を表明した[15]。ここでは，「社会の競争的な性格により子ども時代と発達が害されることなく，子どもがその子ども時代を享受することを確保するための措置を取ること」（パラグラフ20（a））と述べられている。また，子どもの意見表明権について「本委員会は，子どもの影響を与えるすべての事柄において自由に意見を表明する子どもの権利が尊重されていないことを，依然として深く懸念している」（パラグラフ21）とも指摘されている。また体罰については，「学校における禁止が実効的に実施されていないこと」，（b）「家庭および代替的ケアにおける体罰が法律によって十分に禁止されていないこと」，（c）「特に，民放および児童虐待防止法が適切な懲戒を用いることを許し，体罰の許容性について曖昧であること」（パラグラフ25（a））と厳しく指摘されている。

　このように，子どもの権利条約からみたとき，子どもの諸権利に大きな制限がもたらされているのが日本の子どもたちの現状なのである。また，「休息と

余暇に関する子どもの権利，および，子どもの年齢にふさわしい遊びとリクリエーション活動を行う子どもの権利を確保するための努力を強化することを締約国に勧告する」（パラグラフ41）と指摘され，競争的環境に置かれている中で，余暇や休息の権利そのものが子どもたちに保障されていないことが問題視されている。

　これらの国連子どもの権利委員会からの勧告は，日本社会がまだ子どもを権利主体者として位置づけていないこととも深く結びついているのではないだろうか。ユニセフは，子どもの権利条約の子どもの権利は，「生きる権利」「育つ権利」「守られる権利」「参加する権利」として位置づけている。これらの権利は相互に関連し合い，子どもの意見表明権を尊重しながら保障される必要があるのである。

（2）子どもの権利保障とスクールソーシャルワーク

　今日のスクールソーシャルワーカーの実践は，憲法と児童憲章，それを土台にしながら発展的に日本社会に根づいてきている子どもの権利条約に基づいた実践を展開しなければならない。それは，学校の頭髪や下着問題などの校則問題にみられるように，学校内に憲法がないかのような現実があるからこそ，より求められるソーシャルワーカーとしての姿勢である。

　しかし，大切にしてほしいことがある。それは，学校の教職員も親（養育者）も生活問題を抱えている子どもたちも，より良く生きたいという願いを持っているということに対する信頼をソーシャルワーカーは確信にするべきだということである。なぜならば，現実の否定的な実態があるのは，それぞれが競争的にバラバラにされている中で孤立化しており，気忙しい社会の中で余裕を持って物事を考えることができなくなっているからである。ソーシャルワーカーはそのことを理解することが必要であり，一人ひとりの思考や行動の背景にある生活問題をしっかりと読み取り社会の目を養うことが大切なのである。

　最後に，近藤薫樹の次の詩を送り，この節の終わりとしたい。[16]

ジグザグ賛歌

作　近藤薫樹

子どもの発達も
人生の軌跡も
登っては下り　進んでは戻る
病んでは癒え　泣いては笑う
しばし停滞，急な飛躍
ジグザグあればこそ
子どもは鍛えられ
人の心は豊かとなる

人類の進歩も
社会の歴史も
そのジグザグの
紆余さらに長遠
曲折はるか複雑
幾百千万　生命かさねて
開く道　子孫に託し
人類は未踏の道を行く

ジグザグ道よ　私を
私たちを　鍛えておくれ

　私たち子どもを支援するソーシャルワーカーは，この近藤薫樹が込めた詩のように子どもを愛し，人を愛し，自らを愛し，社会に希望を持つことが，きっと支援そのものを鍛え，子どもと共に自らの生を生き抜きながら，子どもたちに向き合うことができるソーシャルワーカーとして成長していくのだと筆者は強く思うのである。

注

(1) 松本俊彦（2014）『自傷・自殺する子どもたち』，合同出版，p 21
(2) 同上，p 18-21
(3) 同上，p 11
(4) 堀尾輝久（1991）『人権としての教育』，岩波書店，p 5
(5) 児美川孝一郎（2016）『夢があふれる社会に希望はあるか』，ベスト新書，p 61
(6) 児美川孝一郎（2020）「ICT化と市場化に揺れる学校の公共性」，87-89，日本子どもを守る会編『子ども白書2020』，かもがわ出版
(7) 大田堯（2018）「ひとはつくるものではなく，ひとになるもの」，27-32頁，日本子どもを守る会編（2018）『子ども白書2018』本の泉社，p 27-32
(8) 土井隆義（2009）『キャラ化する／される子どもたち』，岩波ブックレット，p 14-15
(9) 高垣忠一郎（2008）『競争社会に向き合う自己肯定感』，新日本出版社，p 97
(10) 鷲田清一（2012）『〈弱さ〉のちから』，講談社，p 9-10
(11) 帚木蓬生（2017）『ネガティヴ・ケイパビリティ』，朝日新聞出版，p 3
(12) ひきこもり当時者発信プロジェクト企画，藤本文朗，森下博編者（2020）『「あたりまえ」からズレでも』日本機関誌出版センター
(13) 田中俊英（2019）「サードプレスの力」，居場所カフェ立ち上げプロジェクト編著『学校に居場所カフェをつくろう！』明石書店
(14) 倉橋惣三（1951）「児童憲章の悲願——草案準備会に加つて」，『幼兒の教育』第50巻7号，p 5
(15) 最終所見の訳は，子どもの権利条約市民・NGOの会編のものを使用している。
(16) 近藤薫樹，近藤幹生編著（2013）『新版　挑まぬものに発達なし』，かもがわ出版，p 25-26

第2章　教育行政の中の福祉職

1　教育法規の内容——教育基本法，教育振興基本計画，学校教育法

(1) 教育基本法

　スクールソーシャルワーカーは，学校教育の中に位置づけられた職種である。予算も文部科学省，教育委員会から支出される。従って，教育分野を規定している法律の内容を深く理解しておかなければならない。

　教育分野において上位法規として位置づくのが教育基本法である。この法律は1947年に公布され，我が国の教育の根本を定めている。山住は，「教育基本法は，日本国憲法の理想の実現は根本において教育の力にまつという考えに立って作成されており，準憲法的性格をもち，前文と11条からなっている[1]」とその歴史的意義を強調している。また，堀尾は，「新しい憲法は，教育を『すべての国民の権利』として規定し，精神の自由，学問の自由と不可分に教育の自由と自律性が保障されるべきことは，『憲法的自由（憲法原理から内在的に導き出される自由)』とみなされ，憲法・教育基本法体制の中心的原理の一つになりました」。「義務教育の規定も，子どもの教育を受ける権利を現実に保障する手段として，その父母及び国家と社会が教育機会の配慮の義務を負うこととなった[2]」と子どもの権利としての教育を憲法と教育基本法の関係の中で説明している。

　公布時の教育基本法の主要な内容は以下の通りとなっている。

　前文　われらは，さきに，日本国憲法を確定し，民主的で文化的な国家を建設して，世界の平和と人類の福祉に貢献しようとする決意を示した。この理

想の実現は，根本において教育の力にまつべきものである。

　われらは，個人の尊厳を重んじ，真理と平和を希求する人間の育成を期するとともに，普遍的にしてしかも個性ゆたかな文化の創造をめざす教育を普及徹底しなければならない。

　ここに，日本国憲法の精神に則り，教育の目的を明示して，新しい日本の教育の基本を確立するため，この法律を制定する。

第一条（教育の目的）　教育は，人格の完成をめざし，平和的な国家及び社会の形成者として，真理と正義を愛し，個人の価値をたつとび，勤労と責任を重んじ，自主的精神に充ちた心身ともに健康な国民の育成を期して行われなければならない。

第三条（教育の機会均等）　すべて国民は，ひとしく，その能力に応ずる教育を受ける機会を与えられなければならないものであつて，人種，信条，性別，社会的身分，経済的地位又は門地によつて，教育上差別されない。

2　国及び地方公共団体は，能力があるにもかかわらず，経済的理由によつて修学困難な者に対して，奨学の方法を講じなければならない。

第十条（教育行政）　教育は，不当な支配に服することなく，国民全体に対し直接に責任を負つて行われるべきものである。

2　教育行政は，この自覚のもとに，教育の目的を遂行するに必要な諸条件の整備確立を目標として行われなければならない。

　前文においては，教育基本法が日本国憲法の精神を受けて成立したことが強調されている。第一条では，教育の目的は人格の完成，平和的な国家及び社会の形成者の育成にあるとしている。第三条では教育の機会均等が定められ，教育上の差別をなくすために国と地方公共団体に経済的な支援を行うことを義務としている。そして，第十条には教育は不当な支配に服することがないことが示されている。

　勝田は，この教育基本法について「教育基本法がその前文において『日本国憲法の精神に則り』とあるように，日本国憲法の平和希求・戦争放棄（前文・

9条）の精神や個人の尊厳，主権在民（前文・1条，11条），学問の自由（23条），国民の教育を受ける権利（26条）などの基本原則を継承している。特に，教育基本法の条文の中に，世界平和の理想の実現は根本において教育の力にまつべきこと，平和を希求する人間の育成を期すこと，教育は平和的な国家・社会の形成者を育成すること，さらに，個人の価値をたっとぶ国民の育成，個人の尊厳を重んじる教育，民主的な国家を建設する教育が掲げられている。このことは教育基本法において，平和と民主主義の教育理念が法的価値として定着していることである」とその高い理想理念を説明している。また，勝田は第十　条について，「不当な支配とは一般に，政党，官僚，財閥，組合など国民全体ではない，一部の現実的な勢力の教育への侵入を指すとされてきたが，近年，10条の厳密な解釈が主張される中で，国家権力の教育に対する不当な支配をいましめたものであるからこそ，教育行政に『自覚』をもとめている」との説明をしている。

　大田は，第一条の教育の目的に関して，「その教育も目的条項のいちばん最初に出てきますのは『人格の完成をめざし』という文言であります。この一見ありふれた文言の中に生命を読みとるのには，その背景にある歴史的な状況を想起しなければなりません。この文言を英語に直しますと to the full of development of personality ないしは to the perfection of human nature ということになります。わざと英語を使いましたのは，ジョン・スチュアート・ミルの有名な教育の定義の核心に to the perfection our nature とあることを思い起こしたからです。この定義はべつにミルの発明ではなくて，近代における人間教育思想の大山脈から選びとられた言葉であります。またカントの『啓蒙とはなにか』などにみられる人間性の追求と自覚，人間性の完成を目指す思想潮流に根差しているのです。それがわが教育基本法第一条『教育の目的』の冒頭にすわったということは，注目すべきことです」と歴史的な積み重ねの中で形成されてきた「人格の完成」という教育も目的に対して高い評価を与えている。

（2）教育振興基本計画

　様々な議論を経て，教育基本法は2006年12月15日の参議院本会議にて第１次安倍内閣の手により，制定以来初めて改正された。この改正により，従来の「個」の尊重から「公」の重視へ基本理念が大きく変容したと評価される。

　基本理念を表す前文には，新たに「公共の精神を尊び」「伝統を継承し」が付け加えられ，第二条には，「伝統と文化を尊重し，それらをはぐくんできた我が国と郷土を愛するとともに，他国を尊重し，国際社会の平和と発展に寄与する態度を養う」といわゆる愛国心に関する規定が追加された。これに関して藤田は次の通り問題点を指摘している。「第１は，『愛国心』に象徴される復古主義的・国家主義的な教育を強化・正当化すること，第２は，エリート主義的・新自由主義的（市場原理主義的）な教育システムの再編を促進・正当化すること，第３は，教職員組合の権利・勢力を規制・抑圧すること，そして第４は，憲法改正の露払いをすること」[6]の４点である。

　また，第十七条に新たに教育振興基本計画の立案が「教育の振興に関する施策の総合的かつ計画的な推進を図るため，基本的な計画を定める」と規定された。また，地方公共団体にも基本計画の策定が努力義務とされた。

　2017年６月15日に閣議決定された第３次教育振興基本計画では，目標14「家庭の経済状況や地理的条件への対応」として，「学校教育における学力保障・進路支援，福祉関係機関等との連携強化」が掲げられ，以下の点が具体的に計画された。

- 家庭環境や住んでいる地域に左右されず，学校に通う子供の学力が保障されるよう，少人数の習熟度別指導や補習・補充学習等の取り組みを行うため，学校の指導体制を充実し，きめ細かな指導を推進するとともに，全国学力・学習状況調査等も参考にしながら，家庭の社会経済状況と学力や進学率等との関係の分析方法の在り方について調査研究を進める。
- 児童生徒の心理に関して高度な専門的知見を有するスクールカウンセラーの配置推進を図る。さらに，学校を窓口として，貧困家庭の子供等を早期

の段階で生活支援や福祉制度につなげていくことができるよう，地方公共団体へのスクールソーシャルワーカーの配置を推進し，必要な学校において活用できる体制を構築し，福祉部門と教育委員会・学校等との連携強化を図る。

- 高等学校における中退防止に向けた取り組みの推進や，各大学等における，悩みを抱える学生の支援担当者の大学間ネットワーク構築促進等により，進路支援・就学継続を図る。

　ここにおいて，スクールソーシャルワーカーは，「学校を窓口として，貧困家庭の子供等を早期の段階で生活支援や福祉制度につなげていくこと」との役割規定が明確になされた。国の基本計画に規定されたことの意味は極めて重く，第一義的な役割として重視していく必要がある。

（3）学校教育法

　戦後の学校教育制度は，教育基本法と同時に制定された学校教育法に定められている。小学校と中学校が義務教育学校として，1947年4月に発足した。高等学校は1948年，大学は1949年から発足した。義務教育年限は9年として体制が整備され，高等学校は希望者が全て入学することができることが原則とされた。また，学校の教育課程の基準となるものとして，学習指導要領が編成された。『学習指導要領一般編（試案）』（1947年3月）には，「新しく児童の要求と社会の要求とに応じて生まれた教育課程をどんなふうに生かしていくかを教師自身が自分で研究して行く手引き」（序論）とされていた。

　この学校教育法も2006年の教育基本法改正を受けて2007年6月20日に改正されている。その主な変更点として藤田は，「①教育目標の大幅拡張と文部科学大臣の教育統制権の強化，②副校長・主幹教諭・指導教諭などの導入，③学校評価・情報提供の義務化・画一化の三点[7]」を挙げている。

　スクールソーシャルワーカーに関しては，教育再生実行会議の提言を受けて，専門人材の配置などにより，「チームとしての学校」を実現し学校の組織力・

教育力を高めることを目的として，2017年4月1日施行で学校教育法施行規則にスクールカウンセラーは，学校における児童の心理に関する支援に従事する，スクールソーシャルワーカーは，学校における児童の福祉に関する支援に従事する，とそれぞれの職務内容を規定された。これにより，スクールソーシャルワーカーは，文部科学省管轄の法規に明確に規定されたことになる。

2　児童福祉法，子どもの貧困対策推進法・子供の貧困対策大綱

（1）児童福祉法の成立

　我が国において子ども・子育て家庭の福祉が法的に位置づけられたのは第二次世界大戦後と言える。戦前は，救貧的な性格が強い児童保護はなされていたが，その施策は限定的であった。戦後，戦災孤児対策が重大な国家としての課題となっている状況である1947年に児童福祉法は成立した。その時代背景の中で，孤児や貧困家庭の子どものみに留まらず，すべての子どもの生活保障，健全育成視点を置く画期的な理念が提示された。しかし，この法律の成立の経過の中では，福祉と教育の総合的な基本法がめざされていたことが確認されている。

　1947年6月2日に厚生省が示した児童福祉法案には前文が付されており，その内容には，

　「すべて児童は，心身ともに健やかに育成されるために必要な生活を保障され，その環境に応じて，ひとしく教育をほどこされ，愛護されなければならない。

　すべて国民は，児童が心身ともに健やかに生まれ，且つ，育成されるように努めなければならない。

　すべて児童の保護者は，児童を心身ともに健やかに育成する責任を負い，必要があるときは，国が保護者に代ってその責任を負う。

　国及び公共団体は，保護者の責任遂行を積極的に助長し，これを妨げる原因となるものを取りのぞくように努めなければならない。

　これは，児童福祉の原理であり，この原理は，すべて，児童に関する法律の施行にあたって，常に尊重されなければならない」。

　と，教育保障の文言が含まれていた。しかしながら成案からは前文がなくなり，教育保障の文言も外された。この経緯について許斐は，「子どもの権利と児童福祉法[(8)]」で解説している。

　また，1950年10月に厚生省が提案した第5次児童福祉法改正試案では，既に今日のスクールソーシャルワーカーに相当する学校児童福祉員の配置が提案されていた。

第七節　学校（学校児童福祉員）

第三十条　学校教育法（昭和二十二年法律第二十六条）の趣旨に基づく小学校，中学校，高等学校の校長は，その職員のうちから少なくとも一名以上の者を学校児童福祉員に指定し，児童の不良化防止，その他児童の福祉増進に努めさせなければならない。

2　前節の規定により指定された学校児童福祉員が，正当の理由なく，長期にわたって欠席し，又はしばしば欠席する児童若しくは不良化した児童を発見したときは，直ちに，児童相談所又は社会福祉事務所に通報し，その援助を求めるとともに，自ら当該児童の指導に当たらなければならない。

3　第1項の規定により指定された学校児童福祉員は，児童に対する郊外の指導につき，児童委員に必要な協力を求めることができる。

（就学猶予又は，免除及び出席停止の意見及び通報）

第三十一条　学校教育法第二十三条（同法四十条の規定により準用する場合を含む。）の規定により児童の出席停止を命ずるときは，市町村立の小学校，中学校の管理機関は児童相談所長の意見を聞かなければならない。

2　前項により就学の猶予又は免除をしたとき若しくは出席停止を命じたときは，市町村立小学校の管理機関は，その旨を児童相談所長に通報しなければならない。

　学校福祉員は，小中高等学校に配置し，不良化防止，長期欠席児童生徒の指導が役割と指定されていた。さらには，教育委員会に就学免除，猶予，出席停止した児童生徒について児童相談所と連携をとることが定められており，この時期から教育と福祉の連携が求められていたことが読み取れる。しかしこれもまた，文部省との協議が難航し，結果的には廃案になってしまい，その後に再提案はされることはなかった。その後，教育と福祉の理念をうたい1951年に児童憲章が制定されたものの，福祉・教育を包摂する法は定められていない。この児童憲章は，当時の厚生省と文部省の妥協の産物と見ることもできるであろう。しかしながら，これ以後も戦前すでに留岡に指摘されていた子ども観の分裂状態は解消されなかった。

（2）2016年度改正による児童福祉の原理の明確化

　2016年に改正され，2017年度に全面施行された改正児童福祉法は，1947年の成立以来始めて「児童の福祉を保障するための原理の明確化」するという目的で，第一条から第三条が改正された。この改正により，子どもの権利が児童福祉の理念として明確に位置づけられるという大きな意義を有している。

　旧児童福祉法の第一条は以下のとおりであり，国民の努力義務を規定したうえで，「児童」を客体的な存在として位置づけていた。

　旧第一条「すべて国民は，児童が心身ともに健やかに生まれ，且つ，育成されるよう努めなければならない。

　第2項　すべて児童は，ひとしくその生活を保障され，愛護されなければならない」。

　改正児童福祉法においては，「児童」を主語とし，子どもが主体であることを示し，子どもの「権利」を明記した。

　新第一条「全て児童は，児童の権利に関する条約の精神にのっとり，適切に養育されること，その生活を保障されること，愛され，保護されること，その心身の健やかな成長及び発達並びにその自立が図られることその他の福祉を等しく保障される権利を有する」。

　改正児童福祉法の理念として児童の権利に関する条約（以下，子どもの権利条約）の精神にのっとることが明確に示されたが，この条約は1989年11月20日国際連合総会第44会期において全会一致で採択された。これは，児童の権利宣言30周年の成果を踏まえて提案され，ポーランドが条約案を起草した。ポーランドが起草に取り組んだ背景には，1878年にポーランドで生まれ，医師であり教育者であるコルチャック氏の存在が大きい。氏は生涯を通して孤児救済と子どもの教育に尽力し，1911年にユダヤ人のための孤児院院長となるが，ナチス・ドイツによるホロコースト（大量虐殺）で子どもたちとともに犠牲になった人物である。子どもの権利概念の先駆者であり，条約の精神に大きな影響を与えた。世界人権宣言で示された人権の保障は平和なくしてはありえないという，第二次世界大戦による大きな犠牲の上に形成された人権の理念に，子どもの権利条約も基づいているのである。

　改正児童福祉法の第二条には，「子どもの最善の利益」の考慮，「子どもの意見」の尊重，が書き込まれた。

　新第二条「全て国民は，児童が良好な環境において生まれ，かつ，社会のあらゆる分野において，児童の年齢及び発達の程度に応じて，その意見が尊重され，その最善の利益が優先して考慮され，心身ともに健やかに育成されるよう努めなければならない」。

　「子どもの最善の利益」については，子どもの権利条約第三条に以下のように示されており，子どもに関わるあらゆる事項の決定に当たっては，子どもにとってもっと利益になることは何なのかを中心に考えることを求めている。

　第三条「児童に関するすべての措置をとるに当たっては，公的若しくは私的な社会福祉施設，裁判所，行政当局又は立法機関のいずれによって行われるものであっても，児童の最善の利益が主として考慮されるものとする」。

　「子どもの意見」の尊重については，そもそもは子どもの権利条約第十二条に示されている。

　第十二条「締約国は，自己の意見を形成する能力のある児童がその児童に影響を及ぼすすべての事項について自由に自己の意見を表明する権利を確保する。

この場合において，児童の意見は，その児童の年齢及び成熟度に従って相応に考慮されるものとする」。

「2　このため，児童は，特に，自己に影響を及ぼすあらゆる司法上及び行政上の手続において，国内法の手続規則に合致する方法により直接に又は代理人若しくは適当な団体を通じて聴取される機会を与えられる」。

しかしながら現状においては，「子どもの意見」は判断能力が十分でないという理由から尊重されていないことが懸念される。子どもの権利条約の加盟国は，定めにより国連に設置された子どもの権利委員会に5年に1回審査を受けることになっている。2010年に出された日本国政府に対する勧告の中で「子どもの意見」の尊重に関して，以下のような指摘を受けており，重く受け止めなければならない。

「委員会は，児童相談所を含む児童福祉サービスが子どもの意見をほとんど重視していないこと，学校において子どもの意見が重視される分野が限定されていること，および，政策策定プロセスにおいて子どもおよびその意見に言及されることがめったにないことを依然として懸念する」。

子どもの権利条約の精神にのっとるということは，国連子どもの権利委員会からの勧告を真摯に受け止めなければならないはずである。2010年の勧告においては，次のような指摘も含まれており，子どもの権利を守るために対応することが求められている。

「委員会は，子どもおよび思春期の青少年が自殺していること，および，自殺および自殺未遂に関連したリスク要因に関する調査研究が行なわれていないので早急に行ない，防止措置を実施し，学校にソーシャルワーカーおよび心理相談サービスを配置し，かつ，困難な状況にある子どもに児童相談所システムがさらなるストレスを課さないことを確保するよう勧告する」。

「委員会は，締約国が以下の措置をとるよう強く勧告する。
(a)家庭および代替的養護現場を含むあらゆる場面で，子どもを対象とした体罰およびあらゆる形態の品位を傷つける取り扱いを法律により明示的に禁止すること。

(b)あらゆる場面における体罰の禁止を効果的に実施すること。

(c)体罰等に代わる非暴力的な形態のしつけおよび規律について，家族，教職員ならびに子どもとともにおよび子どものために活動しているその他の専門家を教育するため，キャンペーンを含む伝達プログラムを実施すること」。

「委員会はまた，このような高度に競争的な学校環境が就学年齢層の子どものいじめ，精神障がい，不登校，中途退学および自殺を助長している可能性があることも，懸念する」。

児童福祉法の理念が，子どもの権利条約の精神に基づいていることが明確にされている中で，国連の子どもの権利委員会からの勧告は今まで以上に深く受け止めなければならないであろう。

（3）子どもの貧困対策推進法・子供の貧困対策大綱

厚生労働省の国民生活基礎調査では2012年に16.3％，6人に1人の子どもが貧困状況にあることが明らかになり社会に大きな衝撃を与えた。子どもの貧困率は，国民の所得の中央値の半額以下の所得水準にある相対的貧困世帯で暮らす子どもの比率を示す。まさに格差拡大社会の中で，子どもの生活が非常に厳しい状態に置かれていると言える。特に同年のひとり親家庭の子どもの貧困率は54.1％と2世帯に1世帯は相対的貧困状況にあり，国際的にも極めて悪い状況となっている。

子どもの時代の貧困は，学力格差，学歴格差に影響し，結局は就職格差，そして所得格差につながり貧困が再生産されてしまう現実にあり，教育の機会均等が大きく壊されかねない状況に立ち至っている。この中で子ども一人ひとりの人権擁護を図るとともに，教育と福祉の制度の改善を働きかけていくことの重要性が高まっていると言える。

文部科学省による2012年度の子どもの学習費調査によると，年額で公立の小学校で30万5,807円，中学校で45万340円，高校で38万6,439円の学習費用が平均でかかっている。なかでも中学生の学習塾費用の年額は平均17万5,222円かかっており，負担が高くなっている。

　子どもの貧困の深刻化に対応して議員立法で子どもの貧困対策推進法が2014年1月に成立した。その後，2019年6月に法改正が行われた。法の基本理念は，第一条「この法律は，子どもの現在及び将来がその生まれ育った環境によって左右されることのないよう，全ての子どもが心身ともに健やかに育成され，及びその教育の機会均等が保障され，子ども一人一人が夢や希望を持つことができるようにするため，子どもの貧困の解消に向けて，児童の権利に関する条約の精神にのっとり，子どもの貧困対策に関し，基本理念を定め，国等の責務を明らかにし，及び子どもの貧困対策の基本となる事項を定めることにより，子どもの貧困対策を総合的に推進することを目的とする」。第二条「子どもの貧困対策は，社会のあらゆる分野において，子どもの年齢及び発達の程度に応じて，その意見が尊重され，その最善の利益が優先して考慮され，子どもが心身ともに健やかに育成されることを旨として，推進されなければならない」。

　子どもの貧困率は，2015年には13.9％と下がったが，2018年では13.5％とわずかしか改善しなかった。子ども食堂が激増するなど，国民の関心は高まっているが，実効性に乏しいのが現実である。

　子どもの貧困対策推進法に基づき定められた「子供の貧困対策に関する大綱について」（平成26年8月29日閣議決定）において，子どもの貧困対策に関する指標としてスクールソーシャルワーカーに配置人数が位置づけられた。この意味は，「学校をプラットフォームとした子どもの貧困対策の推進」をスクールソーシャルワーカーが中心になって担うことを示している。その役割として，「学校を窓口として，貧困家庭の子どもたち等を早期の段階で生活支援や福祉制度につなげていくこと」が強調されている。

　文部科学省の2015年度予算要求で「福祉の専門家であるスクールソーシャルワーカーを必要な全ての学校で活用できるよう今後段階的に配置を拡充する」として小中学校4,000人，高等学校94人，質向上のためのスーパーバイザー47人，貧困対策のための重点加配700人と大幅な増員計画が打ち出された。財務省との折衝の結果，2015年度予算においては，結果的には2,247名の配置に加えて貧困対策のための重点加配600人で計2,847人分の配置予算となった。2014

年度の予算が1,466人分の予算だったので，いずれにしても大幅増員が方向づけられたと言える。

　しかし，2019年の大綱の改定では配置目標は設定されなかった。代わって，スクールソーシャルワーカーの対応する小中学校の比率が掲げられており，小中学校のカバー率が目標という位置づけとなった。配置数拡大の方向性は修正されたと見ることができる。

　一方で，雇用労働状況の深刻化にともなう生活保護受給者の増加の中で，生活保護に至る前の段階における自立支援策の強化を図るために，2013年12月に生活困窮者自立支援法が成立し2015年4月に施行された。この法律により，福祉事務所設置自治体は自立相談支援事業および住宅確保給付金の支給を行うことになるが，任意の事業として生活困窮者家庭の子どもへの学習支援事業などに取り組むことができるようになった。

　厚生労働省の委託を受け2014年3月に発表された「子ども・若者の貧困防止に関する事業の実施・運営に関する調査・研究事業」報告書（研究代表　加瀬進：東京学芸大学教育学部特別支援科学講座）においては，「生活困窮家庭の子どもの学習支援のあり方」として，以下の項目が並べられている。

　①　小学生段階からの早期介入と成長に合わせた継続的な支援

　②　学習支援だけでない，生活全体の包括的な支援

　③　子どもの教育を担い，日常的に子どもと接する学校との連携

　④　学習支援事業の担い手の確保，資質の向上

　⑤　家族，学校の先生以外の大人との関係づくりの意義

　⑥　支援された子どもが支援に回り，活躍の場を得る効果

　⑦　事業エリア，人数規模等の適正化

　⑧　効果的な事業実施

3　スクールソーシャルワーカーの法的，制度的位置

　いうまでもなくソーシャルワーカーは社会福祉分野の専門職である。これは国際的な定義や，我が国における社会福祉士の法規定を見ても明らかなことである。しかしながら，第1節でみたように，スクールソーシャルワーカーは文部科学省所管の教育振興基本計画に位置づけられ，学校教育法施行規則に規定されている。そして，予算は文部科学省及び教育委員会から支出されている。また，内閣府が所管する子供の貧困対策大綱においても指標として目標が設定されている。果たして，スクールソーシャルワーカーは，何の分野の専門職なのであろうか。

　門田は支援を展開する場が学校教育現場であることを強調し，教育基本法第三条『教育の機会均等』の意義を重視し，「学校（筆者ママ）ソーシャルワークにおける社会正義は，等しく教育を受ける機会や権利を保障していることにある[10]」としている。この意味では，スクールソーシャルワーカーは教育分野の専門職であることが示される。

　しかし一方では，スクールソーシャルワーカーの採用条件として厚生労働省所管の国家資格である社会福祉士あるいは精神保健福祉士が求められている。また，大学における養成もソーシャルワーク教育学校連盟が認定する課程によって主には社会福祉学部で行われている。要は，生まれは社会福祉，育ちは教育という構図になっている。従って，社会福祉専門職であって，職域が学校教育領域であるという整理が妥当であろう。ここに専門性の二重焦点，専門職としてのアイデンティティ危機の問題が潜んでいくことになる。我が国の行政が際立った縦割りの性質を有していることが，この問題をさらに深刻にさせている。

　ここで大切なのは，専門職として最も大切なことであるクライエントつまりは子どもに対する価値，つまりは子ども観の問題である。スクールソーシャルワーカーは教育と社会福祉の両面性を持つ専門職であるが，専門職集団として

共有する子ども観を形成する必要がある。これは，序章で述べた子どもの権利条約の精神に原点を求めるべきことであり，その原点に立って教育分野と社会福祉分野が新たに学びあい，学校福祉という研究，実践領域を確立していくことが求められる。そして，スクールソーシャルワーカーは，学校福祉領域の専門職であるというアイデンティティを確立していかなければならない。

注
(1)　山住正巳（1987）『日本教育小史』岩波新書，p 161
(2)　堀尾輝久（1989）『教育入門』岩波新書，p 77
(3)　勝田守一（1966）『現在教育学入門』有斐閣双書，p 155
(4)　前掲書，p 147
(5)　大田堯（1983）『教育とは何かを問いつづけて』岩波新書，p 13-14
(6)　藤田英典「教育改革は，いま」藤田英典編（2007）『誰のための「教育再生か」』岩波新書，p 23
(7)　前掲書，p 24
(8)　許斐有『子どもの権利と児童福祉法』
(9)　留岡清男（1940『生活教育論』西村書店），p 43-44。留岡は行政の根底にある子ども観が分裂していることを指摘し，文部省を「文政型の児童観」，厚生省を「恤救型の児童観」，司法省を「行政型の児童観」と称した。
(10)　門田光司（2010）『学校ソーシャルワーク実践』ミネルヴァ書房，p 128-129

第3章	海外のスクールソーシャルワークの 発展過程及び役割と活動

1 スクールソーシャルワークを巡る国際的状況

　世界のスクールソーシャルワークの発展は，義務教育の始まりと関連している。国民の教育水準が上がるにつれて，識字率の増加を図るために各国で義務教育のための法律が成立した。イギリスでは義務教育が19世紀の終わりに始まり，アメリカでは1918年までにすべての州で義務教育の制度が確立する。一方，学校に通う権利を手にできない多くの子どもたちも生じた。例えば，家庭の収入を補うために働く必要がある子どもや，教育を受ける必要性を理解していない家庭もあった。そのため，学校において子どもたちの出席を促すための職員が必要となった。

　これを受けて，イギリスでは，学校出席員（school attendance officer）が誕生し，その後，教育福祉官（education welfare officer），そして教育ソーシャルワーカー（education social worker）へと発展していく。アメリカでは，東海岸に私的機関によって訪問教師（visiting teacher）が配置され，家庭と学校の仲介役となり学校の出席を促進し，1930年代にスクールソーシャルワーカーという言葉が使われるようになった。北欧諸国では，スクールソーシャルワークは1940年代から1970年代にかけて各国で取り入れられており，その役割は社会的な活動と社会問題に対しての予防に強く焦点が当てられていた。カナダ，オランダでもスクールソーシャルワークは1940年代に始まった。ガーナでは，社会福祉の分野で働いていた職員が1950年代に学校で働くようになり，子どもたちが確実に学校に出席し，教育を受ける利益が得られることをめざし，1960年代には教育システムの中で独自の学校福祉サービスが始まり，食べ物の配給など

を行うことを出席増加につなげるといった試みも行われていた。その後スクールソーシャルワークは，徐々に各国で取り入れられるようになった（Huxtable & Blyth 2002: 8-9）。

　1990年には，世界のスクールソーシャルワークの情報の共有と，スクールソーシャルワークに関する各国機関のネットワークを築くことを目標に掲げて国際スクールソーシャルワークネットワーク（International Network for School Social Work）が設立され，2021年現在，53カ国のスクールソーシャルワークに関する情報を有している。1999年には，アメリカのシカゴで，2003年にはスウェーデンのストックホルム，2012年にはガーナのアクラ，2015年にはモンゴルのウランバートルで，そして2018年には中国の北京で，合計7回の国際会議が開催されている。

　国際スクールソーシャルワークネットワークは，学校におけるソーシャルワークの実践をしている国に対してアンケート調査を実施してきた。最新のアンケート調査は56カ国に対して2016年に実施され，36カ国から回答を得ている（Huxtable 2016）。以下このアンケートから各国のスクールソーシャルワークの状況を概観したい。アンケートに回答した国は**表3-1**の通りである。

　アンケートでは，学校で生じる子どもたちの課題を，①出席の問題，②精神的な問題，③行動の問題，④食べ物や衣服など必要な物に関する問題，⑤モチベーションの問題，⑥障がいのある子どもに対する特別な教育，の6つに分け，スクールソーシャルワーカーがこれらの課題を扱っているかについて聞いている。

　それぞれの国でこれら項目に関しては単純に，はい・いいえで答えることができない内容でもあり（実際にはい・いいえの記述をしていない国もあった）回答が未記入の国もあったが，最も多くの国（10カ国）で扱われていなかった項目は⑥の特別な教育についてであった。これら10カ国の中で，オーストリアは「特別支援教育は専門に訓練を受けた者が扱うためスクールソーシャルワーカーが扱う問題ではない」。フランスは，「これらの問題は医師や特別な教育を受けた教員が扱う問題である」との記載がある。

表3-1　ソーシャルワークにかかわるアンケート・各国

アフリカ	ヨーロッパ	アジア	北　米
アルゼンチン ガーナ 南アフリカ	オーストリア　ブルガリア　クロアチア フィンランド　フランス　ドイツ　ギリシャ ハンガリー　フィンランド　ドイツ　ギリシャ　ハンガリー　リヒテンシュタイン　ル クセンブルク　マケドニア　マルタ　ノル ウェー　スロバキア　スペイン　スウェーデ ン　スイス　イギリス.	中国　香港　日本 韓国　ラオス　マ カオ　ベトナム シンガポール　ス リランカ　台湾	アメリカ合衆国 カナダ

　スクールソーシャルワーカーの実践については，①障がいについての評価，②グループワーク，③ケースワーク，④予防のための活動，⑤家庭訪問，⑥カウンセリング，⑦教員とのコンサルテーションの7項目について実践の有無を聞いている。アイスランド，マケドニア，スロバキアの3カ国が家庭訪問をしないと回答しており，スロバキアは法律により家庭訪問を実施しないとの説明があった。

　スウェーデンは，ケースワークを実施しないと回答をしている。この回答に関しては記載者の主観であり，エビデンスに基づくものではないが，北欧諸国でのスクールソーシャルワーカーの役割には変化が生じていて，伝統的な1対1でクライエントと向き合う実践から，より複数の専門職で協働で取り組む実践になってきている。スクールソーシャルワーカーが，ケースワークの担い手ではなく子どもたちの問題に全体的な視点で臨むことに役立つチームをリードしていく専門家としてみなされる（Huxtable & Blyth 2002: 86）ようになってきているともいえる。

　また，本アンケートでは，スクールソーシャルワーカーの雇用が誰によってなされているのかということも聞いている。多くの国が個別の学校あるいは学校制度の枠組みの中での雇用だったが，スリランカはNPOによる雇用，中国においてもほとんどがNGOによる雇用，さらにはドイツのように福祉機関による雇用がなされている国もあった。

　スクールソーシャルワーカーの資格については，6カ国を除く国は社会福祉学の学士を持っていたり，社会福祉について学んできたもの，さらには社会福

祉の修士を持っていることが条件であったり，そのうえで試験が課されている
国もある。社会福祉以外の専門性でスクールソーシャルワーカーになれる国は，
アルゼンチン，スペイン，イギリス，中国，日本，スリランカであった。この
中でもスリランカは，2年か4年の社会福祉の教育を受けた者の雇用が主流で，
社会学やカウンセリングのバックグランドを持つものも雇用されることがある
との説明があった。今回アンケートに回答した，80％を超える国々では，ス
クールソーシャルワーカーは，何らかの形で社会福祉を学んだものが雇用され
ていることがわかる。

　Huxtable & Blyth（2002）は，今後のスクールソーシャルワークの役割とし
て，次のように述べている。規定通りに学校に出席できるよう，ソーシャル
ワークのスキルを使ってサポートすることは今後も学校の中で子どもたちが成
果を出すために貢献できる重要な役割である。と同時に，たとえ学校へのアク
セスが保証されたとしても，子どもたちは個人，家庭生活，学校システムの中
で多様な問題に遭遇する。スクールソーシャルワークの使命は，学齢期の子ど
もたち自身，家族，学校，そして地域をサポートしながら，これらの問題を取
り除き，すべての子どもたちがその成長を促進できるように，学校を起点とし，
環境を変えていくことにある（p 4-5）。

2　アメリカのスクールソーシャルワーク

　スクールソーシャルワークが最も盛んな国（日本スクールソーシャルワーク学
会 2010: 276）と称されているのがアメリカである。山下（2012）を参考にアメ
リカにおけるスクールソーシャルワークの歴史をまとめる。1906年に，現在の
スクールソーシャルワークの原型となる「訪問教師」のサービスが，東海岸の
三都市で始まった。その後1920年代に少年非行予防を目的としたプロジェクト
の実施の影響も受け，スクールソーシャルワーカーは，増加していく。1929年
の世界恐慌のあおりを受け，生活困窮者への衣食住への提供に重点が置かれる
と同時に，1920年代に生じた精神衛生運動の影響も受け，治療的役割も担うよ

うになった。1940年代〜1950年代にかけては，この治療者としての役割が大きくなる。1960年代に入ると，アメリカでは公教育・公立学校に対する批判が大きくなり，学校政策における問題点が指摘されていた。この時代においても，スクールソーシャルワークは，情緒に問題ある子どもへの個別治療が強調されていた。一方，一部の教育者やソーシャルワーカーらの間では，「社会システム」として学校をとらえるようになっており，生徒の学校での出来の悪さは生徒自身の特徴と学校の状態の双方によるものだとされ，スクールソーシャルワークは生徒自身だけでなく，学校のあり方についても問題提起していくべきものであるとの考えが徐々に広まる。1970年代には，公教育に大きな影響を与えた全米の学校における人種隔離政策を撤廃し，保護者やコミュニティが公立学校に参加できる機会を広げることを勧告したカーナーレポートがある。これを受けて，全米ソーシャルワーカー協会（NASW）のSSW審議会では，SSWによる学校と地域を結ぶ役割の拡充や，スクールソーシャルワーカーがリーダーシップを担いスクールソーシャルワーク改革を行うことを推奨した。1960年代終盤から1970年代終盤にかけて，SSWの焦点は障害のある子どもへの支援にも広がる。1975年に成立した全障害児教育法のもと，連邦政府によって各州に義務づけられた個別教育計画（Individual Education Plan: IEP）にスクールソーシャルワーカーが参画するようになり，個々の生徒への長期にわたる治療的関わりではなく，コンサルテーションや障害の診断，仲介者としての役割が増した。さらに，1986年の法律改正（Education of the Handicapped Amendment of 1986）で，スクールソーシャルワーカーは有資格職員に含まれることになり，学校教育における障害児支援においてスクールソーシャルワーカーが担う役割は増大した。

　現在，アメリカには School Social Work Association of America（SSWAA）を始め複数のスクールソーシャルワークに特化した団体が活動をしている。SSWAAによるとスクールソーシャルワークサービスを①生徒へのサービス，②保護者，家族へのサービス，③学校教職員へのサービス，④学校とコミュニティのリエゾンの役割，⑤学校区へのサービス，⑥関連するサービス，の6つ

に分けて説明をしている。そして，スクールソーシャルワーカーについて「ソーシャルワークの学位を持ち，メンタルヘルスの専門家としてのトレーニングを受け，個人の社会的，精神的，学校と社会への適応のためのサービスを提供している者で，家庭と学校と地域とを結びつけ，直接的，間接的なサービスを生徒，家族，学校教職員に提供し，生徒のアカデミックと社会的成功を促進し，サポートする」と説明している。「メンタルヘルスの専門家」との説明がある通り，スクールソーシャルワーカーとして活動するための資格要件は州独自であるが，SSWAAによると，50州と特別区のうち，14州以外で明確な資格要件が規定されており，ほとんどの州でソーシャルワーク修士と一定の知識を確認する試験が必要とされている（日本スクールソーシャルワーク学会，2010: 279）。それだけ，高い専門性が期待されている職種だと言える。

　Cox & Alvarez（2017）は，学校は，社会の縮図であり，社会の中に生じている課題（人種差別や政治的イデオロギー，宗教的な多様性など），とその結果による社会の状況に対してより敏感で，教育政策についても最新の情報を得ておくことが求められているとし，スクールソーシャルワークの今後のトレンドについて述べている（p 239）。それらのいくつかを紹介したい。1つ目が，根拠に基づく実践（evidence-based practice）である。研究の成果に基づく実践を行いながら，どのようにして自身の実践を向上させていくか理解しておくことが求められるとともに，子どもたちに関わる教職員にも根拠に基づく実践の大切さを伝え，新しい介入方法に適応してもらうことが必要である。2つ目に挙げられているのが，数値に基づく報告と説明責任である。自分たちがかかわったことで，変化が起きたことをわかりやすく示すこと，スクールソーシャルワークのサービスが子どもたちの教育の達成をどのようにリードしたかを数値で示すことが必要であることに触れている。3つ目に挙げられているのがメンタルヘルスサービスの普及についてである。スクールソーシャルワーカーは，学校におけるメンタルヘルスの中心的な役割を今後も担っていくことが期待されている。2003年の大統領令「New Freedom Commission on Mental Health」によって，学校の子どもたちにメンタルヘルスサービスを拡大するとともに，生

徒がメンタルヘルスサービスへよりアクセスしやすくなるために，学校システムとメンタルヘルスサービスのシステムを十分に連携させることを勧めた。その中でスクールソーシャルワーカーは，学校のメンタルヘルス提供に関するリーダーシップをとると同時に地域の中にあるメンタルヘルスのサービス利用について必要な家族とサービスを結びつける革新的な方法を開発するという新しい役割への期待についても触れられている。さらにスクールソーシャルワーカーには学校内外の専門職と良い関係を築く情報共有におけるメンタルヘルスを提供するためのパートナーを築くことが必要であると述べている。4つ目として，学校全体や環境への介入，学校全体の環境をよくするための介入をより多くの資源を使いながら実践していくことが求められている。環境をよくするために，生徒と教員の関係性を強化するためのプログラムとして，修復的対話が，懲罰的な方法の代わりに用いられることが増えており，生徒たちとより協調的に肯定的な行動と安全な環境をはぐくむことができるものであることが示されている。5つ目として，教育の中でのテクノロジーの使用についても触れている。テクノロジーは学校場面でもより大きな役割を担うことになり，スクールソーシャルワーカーにとっても大切なツールとなる。情報を収集し，プログラムの情報を報告するためにも使用するし，双方向型のソフトウェアによってオンラインでの介入が可能ともなる。さらに，生徒たちが使用するソーシャルメディアはいじめやハラスメントのツールともなりえるため，どのようにテクノロジーを使っているのかということについても理解をしておくことが求められる。そして，学校におけるいじめ防止のための役割を担うことも求められている。

　2020年からの新型コロナウィルス感染症の拡大により，アメリカにおいても幼稚園から小学校までが休校となった。その時期に1,275人のスクールソーシャルワーカーに活動についてアンケートをとった報告書がある（Maichael, Ron, & Rami etc. 2020）。教育的なゴールに関する課題もあったが，より多くの問題は直接的で緊急的な衣食住の基本的ニーズと関連していることがわかった。これらの危機的な状況の結果を踏まえて，複数のスクールソーシャルワークの

団体が連携して，スクールソーシャルワークと学校コミュニティが効果的にパンデミックに対応するようにとの呼びかけを行った。機動的に社会の危機的な状況に対応するために，スクールソーシャルワーク関連団体が協働でイニシアティブをとり，できることに取り組んでいることがわかる。

3　ヨーロッパのスクールソーシャルワーク

　ヨーロッパと言っても，各国の特徴は幅広く，共通して特徴を述べることは難しい。北欧，中央・東欧，イギリスの3つの地域に分けて，スクールソーシャルワークの発展と現状について述べていく。

　福祉の発達した北欧諸国（デンマーク，フィンランド，ノルウェー，スウェーデン，アイスランド）における家族政策には，公的機関が子どもたちの育ちとケアをサポートすることであり，このサポートは，危機的な状況にある者に対してのみでなく，すべての親に提供されるものという前提がある。そして，北欧諸国の家族政策は，ヨーロッパにおいて，子どもの権利を認めるという点において最も進んだものであると言われている。法律による体罰の禁止や，包括的な学校システムと教育の無償化がそれを示す一例である。

　これら北欧諸国で，最も早くスクールソーシャルワーカーが任命されたのは，1940年代のノルウェーとスウェーデンである。そして，1950年代には義務教育の学校にはスクールソーシャルワークのポジションが用意され，1966年から1967年の学校運営に関するガイドラインには，すべての高校にスクールソーシャルワークが配置されるべきと明記されていた。

　北欧諸国におけるスクールソーシャルワーカーの人数は，経済危機の影響を受け，減少した時期もあったが，その必要性が理解されており，増加を続けた。フィンランド，スウェーデン，デンマークのいくつかの自治体では，福祉機関やチャイルド・ガイダンス・クリニック（児童精神科医のいるクリニック）におけるソーシャルワーカーが機関内の役割と同時にスクールソーシャルワーカーとしての役割を担っている場合もある（Huxtable & Blyth, 2002: 85）。石田・是

永（2018）は北欧における学齢児支援システムの特徴をまとめているが，その中でスクールソーシャルワーカーと自治体当局のケースワーカーと定期的にミーティングを開くなど日ごろから密な連携があることについて触れている。

　中央・東欧諸国においては，共産主義の統治の時代が終わり，1989年のビロード革命と呼ばれる民主化革命後に，貧困や環境問題，子どもの病気や死亡率の高さの問題，若者の間での危険な行動や犯罪の増加など，子どもたちが複数の危機にさらされた。ハンガリーでは1997年の児童保護法で子どもの福祉サービスを地方自治体レベルで実施する法律が可決された。経済的な問題ということもあるが，多くのスクールソーシャルワーカーは子ども福祉サービスと一体化していて，同じ建物の中で仕事をしていることもあり，子どもソーシャルワーカーと学校とは良い関係を保持しながら活動を行うことができている（Huxtable & Blyth, 2002: 193）。

　イギリスでは，1960年代に教育福祉官の役割が増していく。5歳から16歳の義務教育年齢の子どもをもつ親は，子どもを毎日学校に通わせなければならないという法律があり，親がこの責任を確実に果たせるよう監督・指導する役割を教育福祉官が担っている（日本学校ソーシャルワーク学会，2010）。毎日学校に登校させることが親の法的義務であり，義務を怠ると，刑事責任まで問われる可能性もある。これは親に対して出席を強制する法律執行の職務であり，子どもの福祉に関わる職務とは一定の矛盾をはらむことにもつながっていた（峯本・松本 2006）。しかし，この役割に最近変化が訪れている。2019年より，Department of Education が3つの地域において，どのようにしたら学校と福祉サービスがよりよく連携を図り，学校の中に福祉サービスを定着させることができるかを探るため，学校の中でチームの一員として働くソーシャルワーカー（Social Workers Within Schools: SWIS）を配置し，10カ月のパイロットスタディを行った。ソーシャルワーカーたちは，虐待のサインにより早く気づき，危機にある子どものサポートをするために教員とともに働くことが役割とされた。結果，すべての学校において，SWISを定着させることに成功し，もともと Children's Social Care という福祉機関にいたソーシャルワーカーが地域の

学校にその活動の基盤を移すことにつながった。これは，教職員，生徒たちにとってソーシャルワークのサービスが利用しやすくなったことが示されていて，SWISは，教育と子ども福祉の架け橋となる専門職として成功したと受けとられている。教育と福祉という，異なる分野に軸足を置くものが，共に働くことは難しいと考えられていたが，学校に配置され，近くで働くことによりこれらの異なる分野の専門職という課題が乗り越えられたと考えられている。その成果として，例えばソーシャルワーカーがいくつかの学校で行われている生徒たちの問題行動への懲罰的な対処を改善するために，社会的ケアの視点を持ち込んだことで，懲罰的な対応が減少した。さらに，比較する調査数が少ないといった限界があるが，これら3つの地域では社会的なケアを必要とする状況にも変化をもたらし，児童保護のための調査数が減少している。新型コロナウィルス感染拡大の影響で学校が閉鎖された間，ソーシャルワーカーと関係のあった家庭にはタブレットが支給され，学校閉鎖の期間も子ども，家族とコンタクトを取り続けることができていた。これらの結果を受け，イギリスではさらに予算をつけ，このパイロットスタディがより広い地域で行われることが決まっている（Gov.UK, 2020）。

4　アジアのスクールソーシャルワーク

　1990年に国際スクールソーシャルワークネットワークが設立されてから7回の国際大会が開催されたうちの3回は，アジア（韓国，モンゴル，中国）での開催となっており，アジア諸国におけるスクールソーシャルワークへの関心の高さが感じられる。

　日本では，社会事業大学において2009年，香港，スリランカ，韓国，モンゴル，マレーシア，シンガポール，日本の7カ国が集まり，アジアスクールソーシャルワークセミナーが開催され，「アジアに特有の文化やライフスタイルに根差した実践がありうるのではないかという問題提起と，将来にわたるアジア諸国のネットワークの構築の必要性が議論された」（山下・内田・牧野 2012: 46）。

（1）香港

　アジアの中でも早くにスクールソーシャルワークが根づいたのが香港である。香港は150年間の長きにわたりイギリスに支配されてきた歴史がある。イギリス統治下の1971年までには，無償教育が提供されるようになると同時に，6つの家族サービス機関としてのNGOが試行的なプロジェクトとして開始された。1974年には，植民地政府により，家族サービスセンターが特定の学校にスクールソーシャルワークを広めるための独自のプログラムが始まる。このように，香港のスクールソーシャルワークは，家族サービスの延長として発展したと言える（LAU 2020: 103）。1960年代後半からの非行問題の激増に対して1970年代の初頭までに青少年向けのサービス展開に力を入れ，そこにスクールソーシャルワークも含まれていた（山下・内田・牧野 2012: 47）。

　1978年には中学校でそして1980年には15歳までの子どもたちへの教育の無償化の権利が法律によって保障され，スクールソーシャルワーカー数も増加した。現在，香港におけるスクールソーシャルワーカーの役割は，①必要としている生徒や家族へのカウンセリングサービス，②生徒のニーズに焦点を当てるための生徒，家族，学校教職員のコンサルタント，③生徒の利益のために地域にある社会資源を生徒と家族，学校のために探し出し活用しやすいように変化をさせ，学校をよりよくサポートするための異なるソーシャルサービス間の連携を強めること，④生徒と家族が肯定的な社会的価値観と態度を促進できるように，生徒と家族のためのグループ活動を実施して調和のとれた家族関係を促すこと，⑤生徒と保護者，教員が良いつながりを築けるようにサポートをする役割を担っている。香港のスクールソーシャルワーカーは，政府から助成を受けたNGOが担っており，2000年からは，すべての学校にスクールソーシャルワーカーが配置されるようになった。さらに，2010年から，スクールソーシャルワーカーは香港の若者の薬物乱用に対応するための役割を担うようになり，2011年までにそのサービスは20％増加し，一人のソーシャルワーカーが830人の生徒に対して配置されるまでに増加した。さらに2002年には，小学校が教育省から予算をもらい直接スクールソーシャルワーカーを雇用する予算に充てた

り，NGOからソーシャルワーカーによるガイダンスサービスを購入したりする費用にも充てられた。

　このように香港のスクールソーシャルワークは安定的にそのサービスを増加させてきたが，近年中国本土からの大量の生徒の流入など，政治的変化の中で新たな挑戦に向き合っている。流入をしてくるのは幼稚園の年代の子どもも多いため，また，幼い子どもを巻き込む虐待の深刻なケースが社会的に問題になったことをきっかけとして，2017年には幼稚園にもスクールソーシャルワーカーが配置されるようになった。これに続き，2018年よりすべての公立小学校にも一人のスクールソーシャルワーカーの配置が決まった。これだけ配置が進んでも，香港のスクールソーシャルワーカーは担当するケース数の多さが問題であるとの指摘もある。1年間で70ケース，40回にわたるプログラムのセッション，380回のコンサルテーションが行われたとのデータがあり，これは，他国と比べて非常に多いケースを担当していると言える。例えばニュージーランドでは1人のスクールソーシャルワーカーの担当ケース数は24で，アメリカでは250人に1人の割合でスクールソーシャルワーカーが配置されていて，その中で集中的なニーズのある生徒は50人程度とされている。このことから，香港のスクールソーシャルワーカーは斬新で，予防的なサービスを提供するための力と時間がわずかしか残されておらず，問題解決に焦点を当てた実践とならざるを得ない現状もある。

　このような中でも香港のスクールソーシャルワーカーは，大学院等でスクールソーシャルワークに特化したプログラムを終えることで，そのコンピテンシー（適性）を高めようとしている。また，スクールベイスドファミリーカウンセリングを実践し，積極的に地域の中の社会資源をコーディネートし，教員へのサポートをより強化し，根拠に基づく実践ができるように，教員にも社会福祉的な考え方を広め，教員とスクールソーシャルワーカーが専門性を共有することで，教員の知識と技術と精神的健康を強めることに寄与している。これらはすべて生徒に与えるサービスの質を高めることにつながり，結果として学校の環境そのものをよくしていくことにつながると考えられている。

（2）ベトナムと中国

　近年スクールソーシャルワークの分野で発展を遂げているのが，ベトナムと中国である。

　ベトナムでは，ソーシャルワークの実践は1800年代に，クリスチャンの伝道師が孤児院や高齢者のための家，障害のある者の家を設立したころから始まっている。そして，1954年から1976年まで国の分断によりそれぞれ異なる社会福祉に対するアプローチが生じたが，1975年の南北統一後，ソーシャルワークのトレーニングは，相互的な家族ケアや，地域の中でのケアが強調されながら普及し，2010年に政府の方針によりソーシャルワークが正式に認められ，国としてソーシャルワーク専門職の発展がサポートされることになった。スクールソーシャルワークの始まりは，これ以前にホーチミンの大学が二つの高校で2年間のスクールソーシャルワークのパイロットプロジェクトを行ったことにある。政府が教育を国家としての優先事項としている中で，スクールソーシャルワークは開始された。教育が重視される中で，小学生は1日10時間を学校で過ごし，高校生は12時間の授業を受けることが課されている。ベトナムの教育現場が抱える問題としては，いじめ，暴力，体罰，自己犠牲，反社会的行動，メンタルヘルスの問題がある。さらに，高い貧困率，家族の関係性の問題，養育，児童虐待とネグレクト，加えて学校と家庭への対応，橋渡しの役割や，障害のある子どもたちの支援がスクールソーシャルワークには期待されている。

　スクールソーシャルワークは専門的で特別な役割であると認識されているが，まだ発展途上であり，学校の中でその存在はほとんど認知されておらず，一部の私立の学校においてインターンシップやパイロットプログラムとして取り入れられているのみで，正式にスクールソーシャルワーカーとして雇用されている人数は把握できていない。学校は担任の役割を担う教員を雇用し，スクールソーシャルワーカーの役割を担わせ，授業を担当しながら，二つの役割を担っており，子どもの抱える社会的な問題解決のための知識や技術を学んだ経験もないことから難しい立場を強いられている。

　2021年1月に首相がソーシャルワーク開発プログラムの公布に署名をして，

この法案が発行された。これは，政府が学校，病院，刑務所，薬物利用のリハビリテーションセンター，司法領域でのソーシャルワークに焦点をあてたもので，2021年から2030年までにソーシャルワークの発展のための計画である。ベトナムの各大学において，学部レベル，修士レベル両方においてスクールソーシャルワークについて学ぶためのカリキュラムもデザインされたことから（International Network for School Social Work 2018），今後のさらなる発展が期待される。

　中国における近代的なスクールソーシャルワークは2002年に，上海の一つの地区で始まったとされている。公的な統計はないが，1,000人以上のスクールソーシャルワーカーが働いていると考えられている。ほとんどのスクールソーシャルワーカーは，NGOに雇用されていて，小学校か中学校に配置されている。スクールソーシャルワーカーは，性教育，キャリアプラニング，いじめ防止などの特別なプログラムの実施，学校との協同が必要な場合に学校に赴くなどしている。地域によっては，行政がそれらの資金を賄っている。スクールソーシャルワーカーは，学部レベルでソーシャルワークを学んでいることが好まれていて，アシスタントソーシャルワーカーの試験に合格をしていることが条件として課されるようになってきている。

　このようにアジア諸国においては，スクールソーシャルワークは発展過程にあり，今後のさらなる展開が期待される。

引用・参考文献

石田・是永・眞城（2018）「北欧における学齢児支援システムの特徴と課題」，『東京成徳大学研究紀要－人文学部・応用心理学部』第25号，p 125-136

日本学校ソーシャルワーク学会（2010）『スクールソーシャルワーカー養成テキスト』中央法規，2010

山下・内田・牧野（2012）『新スクールソーシャルワーク論——子どもを中心にすえた理論と実践』学苑社

GOV.UK (2020), Social Workers to Work with Teachers in Schools, Press release. (Social workers to work with teachers in schools - GOV.UK (www.gov.uk))（2021年2月20日閲覧）

Huxtable (2016), The 2016 International Survey of School Social Work, *International Network for School Social Work.*

Huxtable & Blyth (2002), School Social Work Worldwide, *National Association of Social Workers*

International Network for School Social Work (2018), Electric Newsletter October 2018

International Network for School Social Work (2018), Child Protection and School Social Work at the American International School Vietnam, Electronic Newsletter September 2018.

Kelly, Astor, Benbenishty, Capp & Watson (2020), Opening Schools Safely in the COVID-19 Era : School Social Workers' Experiences and Recommendations Technical Report. Loyola University Chicago.

LAU (2020), A Critical Review of School Social Work in Hong Kong, *Social Welfare in India and China,* p101-117.

Sosa, Cox & Alvarez (2017), *School Social Work – National Perspectives on Practice in Schools,* Oxford

What Works for Children's Social Care (2020), Social Workers in Schools : An Evaluation of Pilots in Three Local Authorities in England.

第4章	日本における スクールソーシャルワークの発展過程

1　学校福祉としてのスクールソーシャルワーク

（1）教育福祉論

　教育と福祉の関係性については，古くから教育福祉論という学問分野で論じられてきた。小川は，「『教育福祉』問題への視点，すなわち，社会福祉とりわけ児童福祉サービスそのもの性格と機能の中に，いわば未分化のままに包摂され埋没されている教育的機能ならびに教育的条件整備の諸問題を"教育の相のもとに"sub specie educationis，児童の発達と学習を保障し，発展させる立場から積極的にとらえること[(1)]」と教育福祉論の基本的な視点を提示した。これは簡単に言えば，児童福祉サービスを利用している子どもの中には，充分に教育を受ける権利が保障されていない子がいるので，しっかり発達と学習を保障しなければならいということを示している。つまりは，「福祉の中の教育」を問題としていた。従って，その関心は障害のある子ども，貧困家庭，児童養護施設，児童自立支援施設などに向けられていた。また，後に小川は，「福祉の名の下に子どもの学習・教育の権利は軽視され，教育の名の下に子どもの福祉は忘れ去られている」とし，「子どもを守るとは，子どもの人権としての福祉と教育の権利を守ることである[(2)]」と極めて重要な指摘をしているが，やはり個別の問題設定は，「福祉の中の教育」の問題であることに変わりがなかった。

　一方で，高橋は教育における福祉的機能について，新たな見解を示した。即ち，「子どもたちの人格形成の拠り所である家庭ないし家族および地域社会のあり方が揺れ動きつつあるなかで，家庭・家族および地域社会が本来もっている福祉的機能を学校教育においてあるいは学校教育を拠点として補い豊かにし

ていくことが求められている」というそれまでなかった視点を展開した。その
上で、「情緒障害児や登校拒否の問題の深刻化等を通して、人間形成の基盤と
しての福祉的機能・課題に対して改めて認識を深め、子どもたちの生活と人格
を丸ごととらえることを自らの課題と自覚することが、今日の学校教育に求め
られている[3]」と、現在に通じる重要な考え方を提示した。つまりは、学校教育
における福祉的機能とは、人間形成の基盤であり、それにより子どもの生活と
人格を丸ごと捉えることが可能となると言っているのである。

　高橋[4]はさらに1970年代以降の教育福祉論を分類し、「〈a〉社会的効用論的教
育福祉論、〈b〉学校福祉＝学校社会事業として教育福祉論、〈c〉学習権保障
論としての教育福祉論」とした。その中で、〈b〉学校福祉＝学校社会事業と
して教育福祉論がまさに今日のスクールソーシャルワークにつながる教育福祉
の定義である。つまりは、「アメリカイギリスの学校教育制度と深くかかわっ
て展開されてきた。そこでの『福祉』は、就学保障ないし就学督促を中心とし、
学校教育を正常に受けさせるために児童生徒およびその親に対する助言指導、
およびその条件整備に関することをその内容としている」ということである。
教育における福祉とは、学校教育を正常に受けさせる機能ということである。
そして、この教育福祉論は、「ある意味では、現在支配的な学校教育のあり方
に対する批判の役割を果たしている」と、学校教育における福祉を問うことが
教育のあり方全体を問うことにつながるという見解を示した。しかしながら、
「そこでの『福祉』概念は必ずしも明確なものではなく、今後引き続きその内
容・位置づけの吟味が必要である」と課題を提起している。

（2）学校福祉＝学校社会事業

　この点について村上[5]は、「学校における教育福祉の方策を確立」する必要性
を説き、そのためには学校社会事業を有効に作用させ、教育と福祉の二つの機
能を結びつける必要があることを説いている。ここでは、「『社会福祉のたちお
くれの中の教育』がもたらした『教育の欠損的現象』を改めて認識し、『子ど
もの福祉を進める教育』の実現を国民的な願いとしてもつと同時に、学校社会

事業（School Social Work）こそこの重要なにない手であり，『学校教育を本来的なものにするための支援活動』をするものである」としていて，教育と福祉とつなげるものとして学校社会事業を説明している。

　また，辻は教育福祉を「学校を中心として行われる学校教育福祉と地域を中心に行われる地域教育福祉に区分[6]」した上で，学校教育福祉をスクールソーシャルワークと同じものであるとした。一方で山野は，「学校福祉という枠組みで，さらに内容を現代的状況に対応したスクールソーシャルワークを新たな教育と福祉の融合として，検討[7]」すると，学校福祉という枠組みを提唱した。

　鈴木は，学校福祉を「学校という実践現場が子どもの福祉（しあわせ）にとって実際的な責任を持ち，具体的な担い手である教育職や社会福祉職（スクールソーシャルワーカー）の双方に求められる『コア』となる理論を構築するものである。家庭－学校－地域のつながりの中に存在する『学校』を基盤とし，学校（教育）の福祉的機能と福祉の教育的機能の結節点を明確にしようとする創造的な概念でもある[8]」と定義づけた。この定義の特徴は教育職と社会福祉職の双方が形成するのが学校福祉であるという位置づけである。

　内田は，1962年に設立された学校福祉研究会が発刊した『学校福祉の理念と方法』における学校福祉の定義である「学習以前のあるいは周辺の諸問題の教育的処理である。学校教育の中心任務が学習活動にあることはいうまでもないが，学習に立ち向かう児童・生徒の精神的・身体的・物質的な状態は個々の児童・生徒によって，同じではない」「それで学校福祉の任務は，学習に対する適応を調整してやろうという，学校教育の第一義的仕事と直接結びついているのである」「この学校福祉の仕事が完全に行なわれて，はじめて真の教育の機会均等が達成されるのである」の歴史的重みを尊重し，「教育の機会均等を保障するため，換言すればすべての子どもに学習環境を保障するために，子どもの生活環境・社会環境を調整することに，学校福祉の役割[9]」があることを強調している。

　ここまで見てくると，スクールソーシャルワークを導く枠組みは学校福祉であることが理解される。そして，教育と福祉とが重なり合う分野であって，ス

クールソーシャルワークによって両者が統合的に新たな理論構築を図るとされている。

（3）社会福祉のL字型構造における「学校福祉」[10]

　古川は社会福祉を含む社会政策の全体構造を「社会福祉のL字型構造」という概念を用いて構造化している（図4-1）[11]。つまり，社会福祉は，社会サービスを構成する医療サービスなどと同様に固有の領域である縦棒の部分を有しながら，もう一方で他の社会サービスと重なり合う横棒の構造を有すると理解されるべきであるということである。ここで論じている学校福祉は，まさに社会福祉が教育と重なり合う**図4-1**におけるdの部分である。そして，教育を補充し，あるいは代替する性格を有し，このような事業として，各種障害児施設，学童保育，学校ソーシャルワークが例示されている。要するに，学校福祉は，既存の学校教育領域では対応できない子どもの課題のうちの一部を，社会福祉領域（スクールソーシャルワーク）が機能することで補充したり，代替したりして形成される枠組みであるということができる。この社会福祉の補充・代替機能については社会事業の歴史的研究者である大河内一男が戦前に『社会政策の基本問題』で指摘して以来，社会福祉の機能の定説になっている。では，具体的に学校福祉においてこの補足・代替機能はどのような構造を有しているのだろうか。

（4）子ども家庭福祉と学校教育の交換装置としての学校福祉[12]

　子ども家庭福祉と学校教育は群立する施策体系として歴史的に展開されてきた。不易なるものとして学校教育が明治の学制発布以来堅持してきた役割も厳然として残っている。しかし，時代の変化の中で社会状況が変わり，従来教育が担っていたことが福祉に，逆に福祉が担ってきたことが教育に役割が変換する課題もある。学校福祉は，その補足・代替機能により，積極的に役割の交換を促進してきたとみることができる。その関係性を示したのが**図4-2**である。

　このことを具体的な事項を挙げて説明すると，一つは障がいのある子どもの

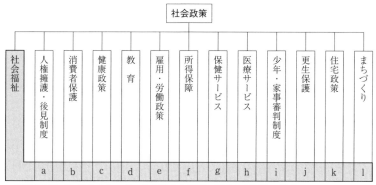

※社会福祉が一般社会サービスと交錯する部分に位置する事業の例示

a　福祉サービス利用援助事業（日常生活自立支援事業）等
b　サービス提供事業者による情報開示・誇大広告の禁止・苦情対応等
c　障害者スポーツ・高齢者スポーツ・介護予防事業等
d　各種障害児施設・学童保育・学校ソーシャルワーク
e　就労支援・福祉雇用・作業所・授産施設等
f　生活保護・各種の貸付制度等
g　乳幼児・妊産婦・老人保健サービス，保健ソーシャルワーク等
h　医療扶助・厚生医療・育成医療・医療ソーシャルワーク等
i　青少年保護サービス・家事調停サービス等
j　更生保護相談・就労支援等
k　低所得者住宅・高齢者住宅・母子生活支援施設等
l　福祉のまちづくり事業等

図4-1　社会福祉のL字型構造（イメージ図）

（出所）　古川孝順作成

図4-2　学校福祉の位置

（出所）　筆者作成

学校教育と子ども家庭福祉の交換である。1979年までは重度の障がいのある子どもは就学の義務を免除されていた。この時代は障がいのある子どもへの在宅福祉制度も不十分であったため，入所型の障がい児施設が多く存在していた。

これらの施設では子どもの日常生活を支えると同時に，教育の役割も担ってきた。つまりは，施設の職員が学習の支援をしていたということである。しかし，就学義務の免除が子どもの教育を受ける観点から問題視されて改められると，入所型障がい児施設の中には特別支援学校の分教室が設置されるようになり，そこに教職員が配置され，子ども家庭福祉分野の施設から教育機能が分離していった。これは，旧教護院の入所児童が，福祉の職員である教諭から教育を受けてきたが，児童福祉法が改正されることにより，入所児童の教育は施設に併設された分校が担うようになったのと同様の現象であり，福祉施設における学校福祉の機能が教育固有の施策に移動をしたことを示している。しかしながら現在でも児童相談所の一時保護所では，福祉の職員が入所している子どもの学習支援に当たっている現状があり，学校福祉における補足・代替機能が発揮され続けていると言える。

　さらに，時代が下り特別支援学校が充実してくると，学校に医療福祉センターや寄宿舎が併設されるようになり，また，重度障がいの子どもへの訪問教育が整備されるにいたり，在宅医療福祉サービスの充実も相まって，入所型障がい児施設のニーズは減少し，その数は大きく減少した。ところが，ノーマライゼーションの理念が，国際障がい者年により普及すると，家族と切り離されて寄宿舎で暮らすのでなく，生まれ育った地域の学校に通う，あるいは通わせる希望が増え，地域の学校に特別支援学級が設置されるようになっていった。そうなると，子ども家庭福祉の側では放課後支援のニーズに対応し，放課後等児童デイサービスが爆発的に増加することになった。このように学校教育の状況変化に対応し，学校福祉の補足・代替機能を経由して，子ども家庭福祉の固有の事業も変化を遂げていくのである。

　このように学校教育と子ども家庭福祉は，その対象は同じく子どもであるため，相互補完的な関係性を有し，その過渡期においては学校福祉の補足・代替性の機能が発揮されるのである。この学校福祉の機能の促進者として，現在ではスクールソーシャルワーカーを見ていく必要があるであろう。このような例は，経済的支援方策である，生活保護，児童扶養手当，生活困窮者自立支援法，

就学援助，奨学金制度の関係性においても認められる。とくに，福祉の法体系である生活困窮者自立支援制度に生活困窮家庭の子どもの学習支援が位置づいていることは極めて象徴的である。

2　スクールソーシャルワーク前史

（1）理論的研究史〜1950年代，60年代

　文部科学省がスクールソーシャルワーカー活用事業を始めたのは2008年度からであるが，我が国にアメリカのスクールソーシャルワークが紹介されたのははるかに前である。1950年に大阪府の児童福祉司であり，大阪社会事業学校の講師であった木村武夫はアメリカの論文を翻訳し，「アメリカに於ける学校社会事業(13)」を民生児童委員の研修用資料として作成した。学校社会事業は，スクールソーシャルワークの直訳である。この翻訳には，当時は大阪市の民生局に勤務していた岡村重夫も関わっていたことが記録されている。この資料の序として城東区民生委員児童委員常務の駒井信義は以下のように述べて，目的を示している。

　「児童福祉の完全な遂行の為に学校側の協力が重大な事は今更云うまでもなかろう。事実すでに学校側に於いては，デイーンや児童福祉係等を設けられて着々とその効をあげては居られるが，所によっては未だしとの感あるのは否定出来ないところである。私見に於いてはその主たる因由が，その学校の教職員諸氏の社会事業に対する理解の浅深にかかっているとしたいのである」。「この方面の文献の皆無な我が国に於いて，本稿の頒布は時宜を得たものと信じ，連盟役員各位の援助を得てここに公刊する次第である。この道の発展に多少との参考になれば幸甚と考えている」。

　また，この資料では，スクールソーシャルワークの定義について序言で，「学校社会事業の本質は，学校的環境に於けるケース・ワークある点にあるが故に，児童の持つ問題や要求は，飽くまでも児童の個別的特殊性に応じて解決されなければならない」としている。また，第1章では，「学校社会事業家の

任務は単に児童の就学状態を監督する以上の複雑な社会的問題を取り扱うものである」「学校に於いて児童の示す欠陥や不調整の原因は，多く児童の家庭や地域社会に於ける生活経験から来るものである」と今日の認識に通じる内容となっている。

　この資料の翻訳にもあたった岡村は自身の著作[14]において，"School Social Work"を「学校福祉事業」と訳し，後述する学校福祉研究会の調査結果も踏まえ，日本の現状を整理した。そして，学校福祉事業を「千差万別の『問題を持つ児童』を出席させるための技術と位置づけた。また，「生活指導」との同一視を見当外れとしていた。また，岡村は「学校社会事業」という表現は，アメリカの"school social work"の訳語であるが，少なくとも日本語の「社会事業」という用語は，伝統的な『救貧事業』ないしは『感化救済事業』を連想させるので，ここでは採用しないとしていた。

　一方で京都府教育委員会から西京大学へと席を移した寺本喜一は，その論文[15]の中で，長欠児童を中心に論考をしている。京都市の夜間中学校の実態を調査した上で，訪問教師，学校社会事業主事の配置を提唱している。訪問教師と一般教師との違いについて，「生活を背景として一人一人の個人差を観ていく。教授を受けている児童の顔色から問題を発見しようと努める。教育扶助，学校給食，学童結核，少年非行，不就学，年少労働，人間関係の不調整等の社会的現実の中で個性を扱ってゆく」としている。

　我が国のケース・ワーク研究の先駆けである竹内愛二は，著作[16]の中で，学校社会事業について貧困対策にとどまらない，「人間相互関係の駆使・展開」する専門的社会事業として紹介している。ガイダンス（生活指導），学校カウンセリング（教育相談）と近似するものと説明している。そして，「教育は学校という『象牙の塔』に閉じ込められて居ては，決して充分その機能を発揮できないことは，いうまでもないから，学校社会事業者の大きい役割が，学童・学生の問題を中心として，学校と，その所在の地域社会との渉外・連絡・協力関係の展開にあることも，決して忘れてはならない[17]」と地域との連携体制構築に言及している。

　この1955年から1965年にかけては複数の研究者から論文が出されており，論争も起きていたようである。上田千秋は岡村の説に対し，「学校社会事業家を『養護教諭』の例にならって，『福祉教諭』と名づけられ，『一般的理論の立場から，原則として専任制でなければいけない』とし，その機能を説明されておりますが，全般的には，アメリカの現在の学校社会事業家の機能，この制度の考え方をそのまま持ち込まれただけで，内容的には何の独創性も盛られておりません」「私は，日本の社会・経済構成の基盤の上にたって実践に役立つ，その意味での日本的な社会事業理論の展開を，学者に期待している[18]」と，アメリカからの直輸入的な方法について否定的に指摘している。さらに，「訪問教師と学校社会事業家は機能的に峻別されなくてはならない。訪問教師はその名の示す通り在宅児童を訪問して教育を授けることを任務とするが本質において学校教師であるに反し，学校社会事業家は通常のクラスの授業を担当しないし，特別学級をも受け持たないし，在宅児童の教育にも携わることはない[19]」と寺本説を批判している。

　この時期に独自の視点から学校社会事業を論じたのが村上尚三郎である。村上は，「『社会福祉のたちおくれのなかの教育』がもたらした『教育の欠損的現象』を改めて認識し，『子どもの福祉を進める教育』の実現を国民的な願いとしてもつと同時に，学校社会事業こそこの教育のにない手であり，『学校教育を本来的なものにするための支援的活動』をするものであることの真意を理解したいと思うのである[20]」と，教育の原理である教育機会均等が教育と学校社会事業との相互補完のかたちで初めて成り立ちうるとの見解を示している。

（2）学校福祉研究会

　1962年3月に財団法人長欠児童生徒援護会（通称：黄十字会）の付属研究会だった組織を独立させて全国組織の学校福祉研究会が設立された。この研究会には，全国の教職員が参加していたが中心的人物は黄十字会を設立した松永健哉（校外教育論）であった。さらには，先に述べた寺本喜一，岡村重夫も参加しており，当時の学校福祉＝学校社会事業研究の中心となっていたと考えられ

る。この二氏が米英から紹介された学校社会事業論と当事の実践から理論化を
試みていた学校福祉研究会の学校福祉論をつないだと思われる。

　この研究会によると、「福祉教諭制度としては全国的にさきがけている高知
県の場合が昭和25年からというから、戦後の学校福祉はそのころからはじまっ
たのではなかろうか。高知県は未開放部落（同和地区）をかかえた府県の一つ
であり、そこの長欠対策として訪問教師をおいて大きな成果をあげたのであっ
た[21]」とされており、高知県が訪問教師の配置という形で学校における福祉活動
を推進した先駆的な存在であったことが確認できる。この後、高知県の福祉共
有の配置は充実し、「福祉教員は当初、不就学長欠児童の解消に始まり、非行
児童の早期発見及び、成績指導、教育扶助、或いは生活扶助の斡旋、警察、家
裁、児童相談所等への連絡、精神発達遅滞児の指導、或いは未開放地区に対す
る同和教育の推進など多方的な仕事をしており、高知県の都市或いは漁村に学
校内職員として約44名（昭和32年）が専門職として一般教職のほかに配置され
ている日本における独創的な制度である[22]」というところまで展開した。

　また寺本喜一は勤務していた京都市教育委員会でも独自の取り組みを展開し
ていた。当時の京都市教育委員会の資料によると、1962年京都市教育委員内に
生徒福祉課を設置し、6名の生徒福祉主事を配属していた。「生徒福祉課とは、
生活指導を要する児童生徒のために、いわゆる民生的視野に立つ底辺対策とし
て設けられたもので、問題性の多い生徒たち（非行、不就学など）の底辺引き上
げにかかる諸問題と積極的にとり組み、"社会"の"学校現場の""保護者"の
そして"児童生徒自身"の悩みについて、ケース・ワーク（民生的視野）によ
る社会的施策と、カウンセリング（専門的教育相談）による科学的処理により、
善導し解決しようとするもの」であった、その具体的な仕事内容について、以
下のように説明されている。

① 　児童生徒の問題を先生や保護者や子供たちと一緒になって考える——問
　　題が起こればすぐに福祉主事が相談に出向く。
② 　来課カウンセリングによる適格な判断を行う——『京都市教育委員会生

徒福祉課カウンセリング・センター』を設け，児童生徒，保護者，先生の
相談に応ずる。氏名，生年月日，通信場所のみを書いて申し込めばよい。

③　先生に対するケース・ワーク及びカウンセリングの理論及び技術の普及，
研究活動

④　児童文化の育成と伸長——一般の学校教育の場，又その延長で積極的に
児童の全人格的発達を期するため，児童文化の高揚をはかる。子供会の育
成，子供会指導者講習会など。

　戦後，学校における子どもの福祉ニーズ（不就学，長欠，非行，障害，貧困，被
差別）が学校教育において解決し得ないことが，顕在化した。なかでも義務化
された中学校の長欠問題（小学校に比べ著しく高率）に焦点化されていた。当時
も教育施策や同和対策などで様々な試みがあったが，「学校福祉研究会」が集
約した高知県や京都市などの実践を当時の「学校福祉＝学校社会事業」実践の
展開として位置づけることができるのではないか。

　一定の理論，法制度に基づいたものではないが，学校福祉研究会において集
約されたこれらの実践は，1950年頃より活発化し，1960年代終盤＝高度経済成
長期には衰退化，断絶（スクールソーシャルワーク前史の終焉）していくことにな
る。

（3）長欠児童生徒援護会（黄十字会）

　前項で紹介した長欠児童生徒援護会（黄十字会）は，戦前には東京大学教育
学部の学生としてセツルメント実践を行っていた松永健哉が中心となって設立
した。松永は，校外教育と教材としての紙芝居の研究者であったが，戦中は日
本におけるヒットラーユーゲントに加担したと戦後批判も受けた人物である。
資金面では，田中恭平が名人芸といわれたその灸医術で培った人脈を活用して
サポートした。政界においては，自民党宏池会の協力を得た。大平正芳（当時
衆議院文教委員長）を中心に，池田勇人（当時外務大臣），宮沢喜一の三人でこの
会の正副会長を務めるに至った。財界においては，東京瓦斯，東京コークス，

関東タール等の大企業から寄付を受けていた。この会の活動理念は学校福祉であり，実践地は台東区山谷地域のいわゆるドヤ街であり，城北福祉労働センターを拠点とした。東京教育大学などの学生ボランティアとともに，学校教育から疎外された低所得労働者の子どもたちに対して，低学力こそ最大の差別要因となるとし，学習支援活動を中心とした展開をしたが，併せて松永が提唱していた紙芝居による文化活動を特色としていた。実践の形態としては典型的なセツルメント活動であったが，この会は実践理念として「学校福祉」を明確に位置づけていたことによって個性づけられる。

　機関誌として「黄十字の友」が120号まで発行された。子ども向けの内容ばかりでなく，「生活保護の受給手続き」「養護老人ホームの利用」などについての記事も多く，家族の福祉ニーズに応えていたことが推察される。長期欠席の小中学生の支援に大きな足跡を残したが，その活動は台東区立台英小中学校が設立され，NHK学園通信教育中学課程設置によって移管されていった。会としては，"長欠問題"は一応改善し，問題が"登校拒否"となったことにより会の役割が終わったとしている。長期欠席の背景が，貧困問題から，心理的問題へ以降したとの認識がそこにはあったようである。

3　文部科学省スクールソーシャルワーカー活用事業

（1）児童虐待への取り組みとして

　再三述べてきたことであるが，文部科学省がスクールソーシャルワーク活用事業を始めたのは2008年度からである。これに至る大きな契機は，2000年の児童虐待防止法制定に見ることができる。それまでは，自治体や単独の学校において試行的な取り組みとして散発的にスクールソーシャルワーカーが配置されていた。2000年に赤穂市と関西福祉大学の協力によりモデル事業が行われ，一人のワーカーが配置された。翌2001年には香川県教育委員会が学校保健事業の一環として配置を始め，2004年には8名まで増員された。また，2002年度には茨城県結城市に2名，国立千葉大学附属小学校に1名が配置された。そして，

2005年度からは大阪府教育委員会が6名配置を行った。さらに，2006年度には兵庫県と東京都杉並区にも配置が行われていた。

　2005年4月1日文部科学省は「学校等における児童虐待防止に向けた取組に関する調査研究会議を立ち上げた。この会議は，「大阪府岸和田市等における児童虐待事件をはじめ，児童虐待の問題は極めて深刻な状況にある。また，改正児童虐待防止法においては，児童虐待の予防及び早期発見のための方策等について，国及び地方公共団体が調査研究等を行うべきことが規定されているところである。こうした状況を踏まえ，国内・諸外国の取組等を分析・検討することなどにより，各学校・教育委員会における児童虐待防止に向けた取組の充実を図ることを目的とする」とされた。座長は山梨大学で心理学を専門とする玉井邦夫助教授であったが，メンバーに当時は日本社会事業大学社会事業研究所の山下英三郎助教授が加わった。山下は，1986年より所沢市教育委員会においてスクールソーシャルワーク実践に取り組んだ我が国のスクールソーシャルワークの先駆者である。この調査会議報告書の中で山下は児童虐待対策としてスクールソーシャルワーカーを配置することを提案している。「そもそも社会的認知度が低かったこともあって，スクールソーシャルワークはこれまでさしたる注目をされてこなかった。だが，人々の孤立は浸透し，お互いの関係構築が困難になりそのことにより虐待を始め数々の問題が生じているという現実があり，学校現場における教員の取組を困難にさせている。虐待という深刻かつ複雑な問題に対処することは，教員に多大な精神的負担を負わせることにもなる。そういった意味では教員を支援するという観点からも，新たな施策が求められている」と山下は述べた。2008年から活用事業が導入されたことを考えれば，この提案が大きな意味を持ったと捉えるのが妥当であろう。

（2）支援内容

　学校における児童虐待対応から検討されたスクールソーシャルワーカー活用事業であったが，実際に事業化されると，その中心は不登校の子どもや家庭への対応が中心であった。2012年度の文部科学省の報告によると全体の支援件数

のうち不登校支援は23.8％であり，児童虐待は6.0％であった。また，構成比で一番多かったのは24.0％の家庭環境であった。従って，児童虐待対応は決して多いとは言えず，主要な課題は家庭環境に何らかの課題のある不登校の子どもや家庭の支援ということになっていた。

　2013年に大津市のいじめ自殺事件の大きな社会問題化により，いじめ防止対策推進法が成立した。これにより，スクールソーシャルワーカーの役割期待は大きくいじめ対策に移行した。しかし実際は，2013年度2.5％，2014年度1.7％，2015年度1.6％と，立法化により逆に比率が低下しており，いじめ対策の中心にスクールソーシャルワーカーが活用されない現実が明らかになった。これは，いじめ対応の中心は教職員が担っていることを逆に示している。

　また，同じく2013年に子どもの貧困対策推進法が成立し，スクールソーシャルワーカーに全国1万人という配置目標が設定された。これにより，「子どもの貧困対策のプラットフォームを学校に」というスローガンのもとスクールソーシャルワーカーへの期待が高まった。しかし，やはり結果としては，2016年度4.1％，2017年度3.7％，2018年度3.8％と支援比率としては決して高くはなっていない。

　2021年度の予算においては，重点メニューとして「いじめ・不登校」「虐待対策」「貧困対策」が併記されている。教育委員会ごとの状況に応じてそれぞれで目標設定を行うという形になっているということであろう。また，子どもの貧困対策大綱においては，配置目標1万人が掲げられて達成したとのことであったが，2021年度予算においては人数目標ではなく全中学校区に対する配置（10,000中学校区）ということに変化している。また，2020年度の実配置人数は，2,659人となっている。予算額については2021年度19億3800万円（前年度18億600万円）と，全国規模の事業予算としてははなはだ少額となっている。

注
(1)　小川利夫・永井憲一・平原春好編（1972）『教育と福祉の権利』勁草書房，p 5
(2)　小川利夫・高橋正教編著（2001）『教育福祉論入門』光生館，p 3
(3)　上記，p 18

(4)　上記, p 226-228

(5)　村上尚三郎（1981）『教育福祉論序説』勁草書房, p 79

(6)　辻浩（2017）『現代教育福祉論』ミネルヴァ書房, p 34

(7)　山野則子・吉田敦彦・山中京子・関川芳孝編（2012）『教育福祉学への招待』せせらぎ出版, p 124

(8)　鈴木庸裕編著（2018）『学校福祉とは何か』ミネルヴァ書房, はじめに

(9)　内田宏明「日本におけるスクールソーシャルワーク前史」山下英三郎・内田宏明・半羽利美佳（2008）『スクールソーシャルワーク論』学苑社, p 43-44

(10)　この項の初出は, 内田宏明「学校教育との連携　〜スクールソーシャルワーク〜」古川孝順監修（2014）『再構　児童福祉』筒井書房, p 299-300であり, 加筆修正した。

(11)　古川孝順（2009）『社会福祉の拡大と限定』中央法規, p 61

(12)　この項の初出は, 内田宏明「学校教育との連携　〜スクールソーシャルワーク〜」古川孝順監修（2014）『再構　児童福祉』筒井書房, p 307-311であり, 加筆修正した。

(13)　木村武夫（1950）『アメリカに於ける学校社会事業』大阪府城東区民生児童委員連盟刊

(14)　岡村重夫（1963）『社会福祉学（各論）』柴田書店

(15)　寺本喜一（1953）「『学校社会事業』成立可能仮説」『西京大学学術報告　第3号』京都西京大学, p 22-40

(16)　竹内愛二（1955）『科学的社会事業入門』黎明書房, p 125-128

(17)　前掲書, p 138

(18)　上田千秋『アメリカの学校社会事業』出版年不明, p 14

(19)　上田千秋（1965）「学校社会事業研究序説」『佛教大学研究紀要　通巻第48号』佛教大学学会, p 208

(20)　村上尚三郎（1969）「学校社会事業に関する一考察」『社会学部論叢　1969』佛教大学社会福祉学部学会, p 68

(21)　学校福祉研究会編（1963）『学校福祉の理念と方法』黄十字会出版部, p 41

(22)　寺本喜一（1975）『愛と生と　学校ケースワーク特集』p 78-79

(23)　長欠児童生徒援護会（1973）『底辺と教育　長欠問題白書』（非売品）及び, 長欠児童生徒援護会（1973）『十二年史』を参考としている。

<table>
<tr><td>第5章</td><td>多様な配置形態と学校種別</td></tr>
</table>

1　教育委員会配置　派遣型

（1）教育委員会に配置されるスクールソーシャルワーカー

　教育委員会とは，都道府県及び市町村に置かれる合議制の執行機関であり，生涯学習，教育，文化，スポーツなどの幅広い施策を展開する機関である。教育長，教育委員ともに，議会の承認を得て首長が任命するものである。

　委員の選任には年齢，性別，職業などに偏りがないように配慮され，政治的中立性が確保されており，保護者が含まれるなど地域住民の意向が反映される。教育長は，会の方針・決定のもとに事務を執行する事務局職員を指揮監督する[1]。教育委員会とはこの教育委員で構成される行政委員会を指すものであるが，一般に我々が教育委員会というとき，これに事務局を合わせた組織全体を指す。この組織の構成は，各自治体の施政方針によって独自のものを持つ（図5-1）。

　スクールソーシャルワーカーは教育委員会事務局の学校教育に関する部署に配置されることが多い。地域の学校教育，社会教育，文化，スポーツ等に関する教育委員会の組織は自治体によって異なるため，スクールソーシャルワーカーがその組織のどこに配されるのかは，その自治体の考えにより違ってきて当然である。多くは，教育相談室，教育センター，教育支援センターといった名称の，教育委員会の中の子どもに関する相談を受け付ける部署に配置されている。なかには教育支援室（前適応指導教室）に配置されているところもあり，自治体が不登校対策にスクールソーシャルワーカーを活用しようと期待をかけていることが推測される。こういった学校外の機関に配置されているスクールソーシャルワーカーには，子どもについて困った事象が起きた場合に，学校管

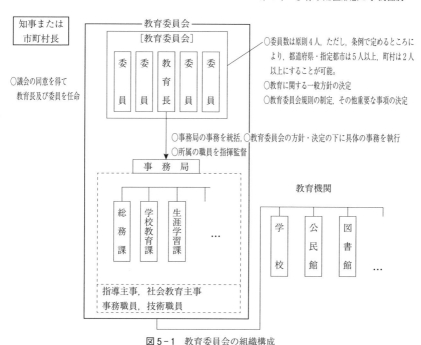

図5-1　教育委員会の組織構成

（出所）　文部科学省ホームページ　教育委員会制度　1.　教育委員会制度の概要《教育委員会の組織のイメージ》より転載

理職を通して依頼が入るといったルートを取るところが多い。なかには，教育相談といった形で保護者から直接依頼が入るルートを持つところもあるが，依頼は必ず学校管理職を通して書類をもって提出しなければならないというところもある。

（2）設置の目的・役割

　教育分野に関する知識に加え，社会福祉等の専門的知識や技術を用いて，様々な問題を抱える児童生徒が置かれた環境へ働きかけ，関係機関とのネットワークを構築し，支援を行う目的で配置される。学校だけでは解決困難と判断された場合に依頼が来る流れである。多くは，家庭に関する問題，虐待が疑われる場合，病院や児童相談所，警察など他の機関との連携が必要と判断された

場合などである。その目的のために，問題を抱える児童生徒がおかれた環境への働きかけ，関係機関とのネットワークの構築，連携・調整，学校内におけるチーム体制の構築，支援，保護者・教職員等に対する支援・相談・情報提供，教職員等への研修活動などといった役割が期待される。

（3）業務

　役割を果たすための具体的な業務の内容としては，ミクロレベルとして，本人や保護者との継続的な面談や家庭訪問による関わりといった直接支援がある。実際に会って話すことで本人や保護者がどう感じているか，何を望んでいるのかの意思確認をすることができ，直接的なかかわりによるエンパワメントなどが期待される。

　メゾレベルとしては，学校関係者へのコンサルテーション，校内委員会への出席，教職員への研修，関係機関との支援ネットワークの構築，地域資源への協力・開発などがある。子どもに一番近い家庭や学校，生活基盤のある地域に直接働きかけ，環境を整えることができるレベルである。

　マクロレベルとしては，行政に関わることのできる立場として，要保護児童対策地域協議会や児童福祉審議会，子ども子育て会議などの行政会議体に委員として参加することが考えられる。業務内容についての統計などを通しての報告も行政の施策に影響することが期待され，これもマクロレベルの業務であると考えられるだろう。

（4）一日の動き

　とある教育センター配置のSSW 3人のとある一日（**表5-1**）。

（5）教育委員会配置のスクールソーシャルワーカー　メリットとデメリット

　教育委員会配置のスクールソーシャルワーカーの場合，メリットとしては，外部性が保たれることであろう。学校組織に属さないため，学校管理職とある意味対等に事案について協議することが可能になる。なんといっても，学校と

表5-1　SSWの一日

時刻	Aさん	Bさん	Cさん
8:30	出勤　朝礼・係内の打合せ（今日の予定などの報告）		
9:00	ケース記録の整理	同じ係内の相談員（心理職）と担当しているこどもについて情報共有	出勤 この日は夕方にケース会議に出席予定のため出勤時間をずらしています
10:00	D中学校での校内委員会に出席　会議後，先生と情報共有	センターにて母子面談その後一緒に教育支援室の見学	E中学校にて保護者面談に同席そのまま保護者と二者面談
11:00	D中学からの帰り道に家庭訪問		
12:00	昼休み　センターで昼食を取りながら，SSW3人で互いのケースについて情報共有，相談など		
13:00	センターにて保護者との面談	研修準備・資料印刷をしてF小学校へ移動	家庭訪問
14:00	記録作成	研修担当教員と打合せF小学校にて校内教職員研修の講師	本庁にて生活指導主任会に出席
15:00	子供家庭支援センターと一緒に家庭訪問		
16:00	保護者と一緒に相談支援事業所を訪問相談支援専門員と打合せ	研修後，校長室にて情報交換 帰庁し記録作成	G小にてコーディネーターと会議前打合せ ケース会議に出席
17:00	帰庁・帰宅	帰宅	帰庁して記録作成
18:00			帰宅

（出所）　筆者作成。

保護者の間で関係が崩れているときなど，外部性が保たれていることで介入がしやすく，また有効でもある。

　デメリットとしては，学校（先生）が困らないと，依頼が入らないということである。「困った子は困っている子」という言葉が先生たちの間にも共有され，不登校や問題行動と呼ばれる状態が子どものSOSの表れであるということに，現場の先生たちは既に気づいている。しかし，子どもがそういった形でSOSを出してくれればよいが，それができない子どもたちもいる。家庭の中に困りごとがあっても子どもが頑張っていて，登校して授業を受けていれば，そ

の子が困っていることに教師は気づきにくくなる。頑張っている子どもほど抱える困りごとが見過ごされがちだということになってしまう。現場の教員は，「教える」「指導する」といった本来の子どもを育てる業務以外に，校務分掌や部活動の指導，処理しなければならない事務の仕事など多くの業務を抱えている。彼らが子どもの見えない困りごとに気づけないことを責めるのも酷であろう。

　教育委員会配置のスクールソーシャルワーカーであっても，ときにはまとまった時間を取って，校内で別室登校をしている子どもの部屋で過ごしたり，保健室ですごす機会を持つなど工夫して，直接校内で子どもと触れ合ったり，子どものSOSを把握しやすい養護教諭やSCとの情報共有ができる時間を確保していく工夫が必要である。また定期的に生活指導主任会や校内委員会などに参加して，生徒に関する情報共有しておくことも有効である。

2　拠点校配置型

　はじめに，私はA市で拠点校配置型のスクールソーシャルワーカー（以下，SSW）として勤務している。A市ではSSWが配置されてまだ10年が経っていないことと，周りの自治体には拠点校配置型がないためにまだまだ発展途上であることを承知の上で，本節をお読みいただきたい。

（1）組織的位置づけ

　位置づけとしてはA市教育委員会に所属するSSWとして，A市にある中学校1校を担当している。そのため，A市の中学校には必ずSSWが一人勤務する体制がとられている。また，中学校を担当しながらその中学校区の小学校も担当している。つまり，中学校1校＋学区内の小学校2〜3校を担当する。

　A市のSSWは社会福祉士か精神保健福祉士の国家資格を必ず持っていることが条件だ。SSWとしての最低ラインは揃えられているが，SSW一人ひとりの特性や素質，経験年数や今までの職歴が異なる。そのため，SSWによって

は支援の質に差が出たり，子どもや保護者との関わり方に差が出たりする。

　SSW同士は月に一度連絡会で集まり，その場でそれぞれのケースを相談・助言し合うことができるが，日も時間も限られるので十分とは言えない。また，研修もA市で設定するものはないため，あくまでも個人的に自己研鑽を行う努力をしなければならない。

　さらに，スーパーバイズも学期に一度（計3回）のため，じっくりとケースを検討してご助言いただける場は数少ない。個人的に大学の先生などと繋がりがあり，相談などを行えるSSWは別だが，ほとんどはSSW自身に任されている。この点は，拠点校配置型SSWの課題と言えるだろう。

　学校の中でSSWの位置づけは，特別支援委員会（あるいは校内委員会と呼ぶ学校もある）の中のメンバーに入る。この点はスクールカウンセラー（以下，SC）と同様と言えるだろう。ただ，もちろんSCと役割は異なるので，その点は後述する。

（2）学校内での役割

①　教員では担えない子どもの困り感や保護者の気持ちを受け止める存在

　当然だが，SSWは教員ではなく福祉の専門職として学校現場に入る。私が実際に行っているのは，前田先生ではなく「前田さん」と呼んでもらうことだ。これは意外と効果的だと思っていて，子どもや保護者から「先生ではない，でも親身に話を聞いてくれるお姉さんのような存在」として受け止めてもらえている。子どもたちや保護者の中には，教員には話せない本音や家の状況を持っている方も多い。それは支援の必要性の有り無しにかかわらず，何かしら「本当はこうしてほしい，こうしたい」「本当はこうしてほしくない，こうしたくない」という気持ちを持っているだろう。特にSSWが関わるような不登校児童生徒や，合理的配慮が必要な児童生徒は，このような本音を持っている場合が多い。

　SSWは，彼らが持つ本音をいかに引き出し，それを学校現場にどう伝えるかが役割として求められる。実際に，「担任の先生には言えないけど，実は

……」と本音を伝えてくださる方が多い。それをできる限り聴き，SSWに手伝えるところはこの部分，SSWだけではなく教員とも連携した方がよりいい状況に持っていけるのはこの部分，他の関係機関とも連携した方がいいのはこの部分と判断し，子どもや保護者に了承を取った上で教員に情報共有をしていく。このような実践を積み重ねていくことで，教員から「SSWにこの部分を引き出してもらいたい」と思ってもらえるようになったり，子どもや保護者も「SSWなら安心して本当のことを吐き出せる」と信頼関係を築いたりすることができる。

②　教員ではない第三者の大人として介入できる存在

　これは，具体的に言うと家庭的な困難さを指している。例えば，SSWが支援する家庭は生活保護世帯や就学支援を受けている世帯が多い。特に2020年は新型コロナウイルスの影響で，経済的な困難さが露見したケースが多かった。就学支援に関しては学校事務の方が詳しいため，事務職員と連携して支援を行える。

　しかし，例えば生活保護に関して，「制度を知っているけど具体的にどんな扶助内容があり，どこまで経済的な支援を行ってくれるのか」を知っている教員は限られている。恐らく教員生活を続ける中で支援が必要な生徒を受け持った場合は何となく知っている教員もいるだろうが，『正確な知識』として理解している教員はどれほどいるだろう。

　生活保護だけではなく，保護者が障害を持っている場合や高齢の場合など，それぞれ障害者福祉サービス，高齢者福祉サービスのようにその家庭に適したサービスを提案・検討できなければ，子どもの最善の利益には繋がらない。そのために，SSWは社会福祉士としての知識を生かして支援を行っていくことが求められる。

　さらに，これらの家庭の困難さに対して教員という立場では「どこまで踏み込んでいいのかわからない」という意見もある。なかには，「学校のことは学校の中でどうにかできるけど，家のことは家でどうにかしてくれ」と言う教員もいるほどだ。このような局面に教員ではない第三者の立場として，子どもた

ちや保護者との信頼関係を構築していることは大前提として，踏み込んでいけるのが我々SSWの役目である。

　理解のある教員の中には，教員自らが保護者と一緒に行政機関や病院に出向いてくださる方もいるが，児童生徒一人ひとりに同様の支援ができるわけではない。教員では担いきれない部分をSSWが補い，一緒に支援を行っていく。

③　生活保護世帯や障害者福祉サービス，子育て支援の関係機関との繋ぎ役

　①と②で述べたことを総合して，関係機関との連携・繋ぎ役としての役割は非常に大きく，この部分がスクールカウンセラー（SC）との大きな違いになるだろう。SCが関係機関と連携できない，というわけではない。ただ，関係機関に実際に足を運んでの連携・子どもや保護者への同行支援・学習支援事業や生活保護など行政の制度を提案したり活用に繋げたりするのはSSWの役割であり，そこがSCとの明確な違いだということを言いたい。

　また，それぞれ関係機関の立場から見る子どもの姿や保護者の姿は異なる場合があるときに，その姿を擦り合わせることでアセスメントに繋げることも必要となる。例えば，学校の教員は「○○さんは教員の言うことを聞き，宿題も忘れずに提出する良い生徒」と見ていても，子どもの居場所活動を行う職員は「○○さんは，お父さんやお母さんのことを悪く言うときがある。言動に棘があるときが多い」，学習支援事業の講師は「○○さんは，友達とおしゃべりばっかりして全然学習が進まない」など，それぞれの場面でそれぞれの姿を見せることがある。そのいずれもの姿が『○○さんの姿』であり，そこからどのようなことを考え，支援に繋げるかが大切なのだ。そのため，様々な関係機関が子どもや保護者に介入している際，こまめに連絡を取り合って情報共有を行うことはSSWの重要な役割である。

（3）具体的な業務内容

①　ミクロレベル

　児童生徒や保護者との面談，家庭訪問を行って信頼関係を構築しながらニーズを聞き出したり，アセスメントを重ねたりしていく。また，授業観察を行い

ながら，学校復帰を果たした子どもの様子を見たり，合理的配慮が必要だと思われる子どもの授業の様子を見たりして，どのように学校生活を過ごしているのかをアセスメントする。

②　メゾレベル

主に関係機関や学校との連携が挙げられる。具体的には，特別支援委員会やケース会議に出席して，一緒に支援の方向性を考えたり，現状の確認を行ったりする。また，学校アセスメントや地域アセスメントもこの中に含まれるため，学校の管理職の考えやその学校の教員の雰囲気，学校の雰囲気を摑んでいく。拠点校配置型のSSWとして感じたのは，学校の管理職によって教員間の雰囲気や支援に対する積極性が大きく変わる，ということである。また，その学区がどのような地域なのか（例えば，新興住宅街と昔ながらの家が混在している地域なのか，都営住宅が多い地域なのか，大きい企業の社宅があり割と裕福な家庭が多い地域なのか，など）によっても，子どもや保護者の雰囲気が異なる。

さらに，地域の公民館や地域センター，民生委員と連携を行ったり，地域で行っている子ども食堂に足を運んでそこがどのような雰囲気であるかを把握したりする。また，今のところ子ども食堂に繋げるケースはないが，実際にどのような支援が地域で行われているのかをSSW自身が知らないと，いざ子どもや保護者を繋げようとしたときに本当に適切なのか判断できない。そのため，勤務時間外であっても余裕があるときはなるべくSSW自身が足を運び，そこの空気感を知ることが大切だと思う。

③　マクロレベル

主に，教育委員会への働きかけがあげられる。実際に支援を行う中で，行政のサービスが整っていなければよりよい支援が難しいケースも多くある。私がよく直面するのは，経済的困難がない家庭でひとり親支援サービスや学習支援を取り入れたい家庭は，経済的要件を満たさないので行政のサービスを活用することができない。また，要保護家庭（生活保護世帯）や準要保護家庭（就学支援を受けている世帯）は，学校事務や生活支援課が関わっているため，家庭の状況を把握しやすいが，経済的困難が見られない家庭はなかなか家庭の状況を把

握することが難しい。このようなとき，私の主観になってしまうが「お金があれば大丈夫だろう」と行政が思っているのだろうかと，どうしても考えてしまう。

　さらに，SSWの業務体系の改善などを働きかけることもマクロレベルに入るだろう。SSW自身も一人の人間であり，私たちも自分の生活を成り立たせないとそもそも人に対してよりよい支援を行うことはできない。SSW自身の心身の安定を図るべく働きかける先も教育委員会になり，担当する学校に関して何かこちらが困ったことがあったときに働きかける先も教育委員会である。

（4）拠点校配置型SSWの1日の動き

　ある日を例にして拠点校配置型SSWの1日を示す。

　まず，午前9時30分に担当校に出勤する。そして，まず担当校の特別支援委員会に参加。不登校の生徒や学校内での支援が必要な生徒の情報共有や，SC・SSWが行った支援の内容を報告，今後の支援の方向性を確認していく。

　午前11時頃から，学区内にある地域センターや公民館へ学校だよりを配布しに行く。「学校だよりを配布しに地域に出ることは，SSWの業務に入るのか？」と思う方もいるだろうが，子どもたちや保護者が生活の基盤としているのは「地域」である。地域センターや公民館は地域住民に根づいた場所であり，子ども本来の姿を見守り続けている場所でもある。そこに，SSWが学校だよりを配布しに行きながら情報共有・顔繋ぎを行うことで，学校と地域が一体となることができる。

　午後12時頃に，別室登校を行っている生徒が登校するので，その生徒の対応を行う。担任とSSWとで一緒に生徒を迎え入れ，最近の家での様子や学校の様子をお互いに伝え合う。給食時間には同じクラスの生徒が何人か合流し，一緒に給食を食べる。給食を食べる様子を見ながら体調の変化を見ることができるので，給食支援は私にとってとても貴重な時間だ。共通の話題で盛り上がりながら，その生徒が通っている居場所活動に行くために駅まで見送り，学校に戻る。学校に戻った後は居場所活動を行っている職員に電話し，学校での様子

を情報共有する。

　6時間目の時間帯に，不登校生徒の家庭訪問へ出向く。こたつに潜っていたり，タオルケットをかぶっていたりしてなかなか顔を見せてはくれないが，私が家庭訪問へ行くときには必ずリビングにいてくれる生徒だ。母親やお姉さんと一緒に会話をしながら，その生徒にも話を振る。家庭訪問の度に，母親が「この前，前田さんが帰った後にはこんな反応をして……」という話も聞かせてくれるので，そこで家庭訪問のときの私の振る舞いがどのように生徒へ働きかけられたのかを確認できる。

　放課後は学区内の担当小学校を訪問し，その学校の特別支援委員会に出席する。主に，校内での支援をどうするか，特別支援教室に繋げるためにはどのように保護者や児童へ働きかけるかを話し合う。委員会終了後には，特別支援教室の教員を伺い，小学校で支援を行っている児童の情報共有をさせていただく。特別支援教室の教員も，連絡帳のようなものを通して家庭とやり取りを行っているため，そこでも家庭の様子を知ることができる。

　勤務を終える前に，関わった生徒の担任とそれぞれ情報共有し，副校長先生や特別支援コーディネーターの教員とも情報共有や報告をお互いにしあう。退勤時間は午後5時だが，定時に帰れることは少ない。1週間にたった2日の勤務のため，どうしても時間いっぱいいっぱいに予定を詰め込まないと，支援しきれないことが多い。

3　単独校配置型

(1) 組織的位置づけ

　スクールソーシャルワーカーが，一つの学校に常駐する配置形態は「単独校配置型」と呼ばれる。他の配置形態に比べ，まだ全国的にも導入されている自治体は少数であるが，不登校や，経済的困窮，養育上の困難を抱える子どもが多数通っている小・中学校や，通信制高校，定時制高校などでこの形態が導入されている。勤務日数については幅があるものの，日数が少ない場合には，実

質的に「単独校配置」であることの意味がなくなってしまうと思われるため，本稿では少なくとも週に3日以上のものを「単独校配置型」と呼ぶことにする。

　筆者が非常勤職員として働いていた公立小学校では，週に4日，7時間の勤務であった。公式の所属先は教育委員会であるが，毎日その学校にいるため，学校職員や子どもたち，保護者や外部機関等からも，実質的に「学校職員のひとり」として認識されていた。

（2）役割

　単独校配置型のスクールソーシャルワーカー（以下，単独校配置型SSW）は，学校職員，子どもたち，保護者に対して，日常的で身近な存在としてかかわることができる。ここでは，その役割を「予防」「対処」「見守り」の3つに分けて述べる。

　①　予防

　学校からSSWへの依頼があるときというのは，「夏休み明けから，不登校になってしまった」「身体に不自然な痣がある」等々，何か問題が顕在化してからであることが多い。その意味でSSWは，いわば緊急対応における「後発部隊」である。そのため，SSWがかかわる頃には，すでに問題が重度化してしまい，解決が困難なものになってしまっていることもある。

　他方で，これらの事例の中には，以前から「気になる子ども・家庭」として校内で認識されていた，あるいは地域住民や関係機関からも心配の声があがっていた等々，問題が深刻化する前に，すでになんらかのサインが出ていたということも多くある。単独校配置型SSWは，日常的な教職員とのやりとりや子どもの見守り，地域や他機関との情報共有によって「ニーズを有する子ども」に気づき，早期の段階で支援に入ることができる。

　②　対処

　SSWにおける支援が「専門的」であるためには，綿密なアセスメントに基づき，場当たり的でない，根拠のある介入をしていく必要がある。とくに，緊急性の高いケースであればあるほど，アセスメントの質が問われる。しかし，

要請がなければ動くことのできない「派遣型」や，複数校を兼務する「拠点校配置型」の場合は，課題が明らかになったのち，限られた時間あるいは情報の中でのアセスメントが求められる。

それに対して単独校配置型SSWは，課題に気づいたときに，すぐさまこれまでの記録や現場の教職員たちから情報を収集してアセスメントを行うことができ，迅速な対処が可能である。

③　見守り

介入後，単独校配置型SSWは定期的な子ども本人への聞き取りや，他機関から引き継ぐ形で保護者との面接を継続するなど，アフターフォローを直接行うができる。また，他機関からの連絡窓口になることで，学校外から情報を集め，子どもたちが引き続き安心して家庭生活を送ることができているかを把握することも可能である。

（3）業務内容

単独校配置型SSWの業務は，子ども・家庭への「直接支援」および「間接支援」，「外部連携」の3つが主なものである。

①　直接支援

子どもや保護者への面接，電話，家庭訪問，行政機関，地域資源への同行支援など，SSWとして直接的に子ども家庭を援助することをいう。いずれも，子ども本人や家族からの要望があって開始されるのが普通であるが，SSWがかかわるケースは，学校との関係がすでに悪化している，行政機関への不信感をもっている等々の背景から，「連絡がつかない家庭」や，「相談に消極的な家庭」であることが多い。そのため，単独校配置型SSWには，「待つ」より「出向く」こと，すなわち「アウトリーチ型」の支援が求められる。

【子どもとの面接】

基本的に，子どもが自らSSWのところに相談に来るということはほとんどない。そのため，単独校配置型SSWには，相談室を休み時間に開放したり，「困りごとポスト」を設置したりと，子どもたちが直接相談に来やすくするた

めの，様々な工夫が求められる。また，担任が子どもから家庭内の心配な様子
や，痣傷など虐待の可能性を発見した場合などは，授業時間に取り出して，時
間をかけて本人と面接を行うこともある。

　日頃から，教職員やSSWとして "気になっている" が，なかなか相談には
繋がらないであろう子どもに関しては，授業中の様子を観察するだけでなく，
実際に声をかけ，学習の補助をしたり，休み時間に一緒に遊んだりしながら，
本人と見知った関係になることが大切である。かかわりを重ねていく中で，ふ
としたタイミングに，本人の口から家庭や学校での心配事が漏れるということ
もある。

【保護者面接】

　単独校配置型SSWは，身近な相談先として，子どもとのかかわり方や，学
校生活での悩みなど，大小問わずに保護者からの相談にのることができる。し
かし，ここでも "気になっている家庭" ではあるが，保護者の方からは相談に
来ない家庭は多い。なかには，学校としてもうまく関係性が構築できていない
家庭もある。そういったときには，授業参観や懇談会，本人の送り迎え等，来
校のタイミングに，偶然を装って声をかけることもある。こうした「立ち話」
がきっかけとなり，継続的な面接につながることもある。

【家庭訪問】

　長期不登校のケースや，学校からの連絡がつながらない家庭の場合，家庭訪
問で本人や保護者に会いに行くこともある。単独校配置型SSWは，学校にい
る日数，頻度が多いため，会えるタイミングを狙って時間や日程を変えて訪問
したり，教職員とは別の立場で手紙を書き投函してみたりと，柔軟な対応が可
能である。

【同行支援】

　子どもや保護者にとって必要がある場合，行政機関や医療機関，あるいは
「子ども食堂」や無料の学習教室といった地域資源への同行支援も行うことも
ある。

②　間接支援

単独校配置型SSWは,「学校職員のひとり」として学校組織の中に位置付き,子ども・家庭への支援に様々な教職員と協力関係を形成できることから,機能的な学校内支援体制づくりなど,「メゾレベル」での実践を進めていくことも求められる。

【「子ども理解」のための支援】

訪問や面接などの時間を除けば,単独校配置型SSWの１日のほとんどは各教室を巡回し,子どもの様子を見に行くことに費やされる。授業や休み時間における様子から,本人の性格・行動上の特徴や,学校生活のどのような場面で困っていそうか,何が阻害要因になっていそうか等を,本人の視点に立って見立て,それを教職員にフィードバックする。これによって,教職員の子ども理解を深めることができる。

教職員が日頃,当該の子ども家庭にどのような感情を抱いているのか把握しやすいことも,単独校配置型SSWの利点である。その教職員が,保護者や子どもに対して,否定的な感情を向けているならば,フィードバックの際,子どもや保護者が語った肯定的な発言や,その家庭なりの努力や工夫などを,あえて強調して伝えることもある。

このような教職員とのやりとりを日々積み重ねていくことで,単独校配置型SSWの専門性が校内に認知されていく。年度当初は支援の依頼がほとんどない場合も多く,ワーカーの側から動く必要がある。機能的な定着のため,まずは個々の子どもの見守りと教職員へのフィードバックの中で専門的な視点を示すことが,とりわけ単独校配置型SSWにおいては重要である。

【校内コーディネート】

困難を抱える子ども・家庭への支援においては,組織的な支援体制の確立が不可欠である。すなわち,担任,学年,養護教諭,特別支援教育コーディネーター,教育相談主任,生徒指導主任,管理職など,校内の多様な人材との協力関係を築き,「学校内支援体制」を構築する必要がある。単独校配置型SSWは,それぞれの「役職」から教職員を見るだけでなく,個々の人柄や力量,仕事量

や負担の度合いなどから，校内の人材を見極めることが可能である。その見立てに基づいて声をかけ，子ども・家庭への支援について一緒に考えることのできる"仲間"を見つけていく過程で，「学校内支援体制」は出来上がっていく。

【アセスメントの明示，共有】

　常に「見立て」を重視するSSWに対して，学校は迅速な「手立て」の構築を重視しがちであるため，しばしば，長期的な見通しのない「その場しのぎ」的な対応をしてしまうことがある。

　そうした中，単独校配置型SSWが日頃から教職員とコミュニケーションをとり，「見立て」（アセスメント）の段階で，校内を巻き込んでおくことは，より根拠づけられた，実効性のある「手立て」（支援計画）の構築につながる。また，「見立て」（アセスメント）という支援過程を根づかせることにより，組織的な問題解決能力も向上させることができる。

③　外部連携

　ほぼ毎日同じ学校にいる単独校配置型SSWは，学校内／外の窓口となることで，「通訳」や「根回し」の役割を担うことができる。

【外部機関と学校との「通訳」】

　一般的に，学校において外部機関からの連絡窓口を担うのは管理職である。しかし，連携が始まった後の定期的な情報共有や，専門職としての観点から必要な支援方針のすり合わせなどは，SSWと外部機関で直接やりとりした方が円滑に進むことが多い。

　また，学校職員は，外部機関がどのような役割をもっており，具体的にどのようなかかわりをしてもらえるか等を知らないことが多い。それゆえに「繋げさえすればなんとかしてくれる」という"過剰な期待"や，反対に「相談しても何もしてくれない」といった"過剰な不信"のまなざしを他機関に向けている場合もしばしばある。単独校配置型SSWが間に入り，日常的に他機関とのやりとりを「通訳」することで外部機関の存在が身近なものになり，"期待"や"不信"も，「ほどほど」で現実的なものになっていく。

【拡大ケース会議における校内／校外での「根回し」】

　外部機関とのケース会議を行う際，多忙な学校としては単なる情報共有の場ではなく，明確な方針が決まることを期待している。しかし現実には，１時間程度の時間で，そこまで進めることは難しい。

　そのため，単独校配置型SSWは，校内での情報共有を済ませておき，学校として引き受ける役割，他機関にお願いしたいことなど，事前に落としどころを明確にしておくことが求められる。加えて，他機関に対しても連絡をとっておき，どのような方針でいるのか，どのような連携が可能かなどを確認し，ここでも会議の方向性をある程度共有しておくことが望ましい。そういった事前の「根回し」があって，実際の会議で具体的な行動指針を立てることが可能になる。

（4）１日の流れ

　以下，小学校における単独校配置型SSWの１日の動きについて示す。

　9：05〜　　出勤。記録を確認し，子どもの見守りや面接の準備

10：00〜　　校内巡視，教室に入り子どもの見守り，他機関への電話

10：20〜　　休み時間中の子どもとの面接

11：00〜　　保護者面接や家庭訪問

12：20〜　　校内巡視

12：40〜　　給食

13：10〜　　昼休み中の子どもとの面接

13：30〜　　登校していない子ども・家庭への電話，家庭訪問，校内巡視

15：00〜　　担任とともに保護者面接，教職員と情報共有や打ち合わせ，校内
　　　　　　ケース会議

16：30〜　　教職員や管理職への報告，助言

16：50〜　　記録，勤務終了

　言うまでもなく，以上は“おおまかな”流れである。実際には立て続けに面

接が入っていることもあれば，面接がない日もある。

　教職員は教室運営があるため，彼らとの打ち合わせは，どうしても放課後の時間帯になってしまう。また，保護者との面接や家庭訪問に関しても，日中仕事をしている家庭がほとんどであるため，夕方の時間設定になることが多い。従って，仕事が就業時間内に収まらないこともしばしばである。

　ただし，単独校配置型SSWは教職員一人ひとりの空き時間や余裕のあるタイミングを見つけやすいことも利点の一つである。細かな話ではあるが，そういった合間の時間に情報共有や打ち合わせを積み重ねることで，少しでも相談支援の効率を上げていくことも，単独校配置型SSWには必要な視点である。

4　義務教育（小中学校）

　学校教育は教育基本法と学校教育法に基づいて行われる。ここでは教育の理念を定めている教育基本法[(2)]と社会福祉に関する法律に触れながら，義務教育とはどのようなものなのかを説明していきたい。

（1）教育基本法　前文

　教育基本法の前文には，「我々日本国民は，たゆまぬ努力によって築いてきた民主的で文化的な国家を更に発展させるとともに，世界の平和と人類の福祉の向上に貢献することを願う」，「個人の尊厳を重んじ，真理と正義を希求し，公共の精神を尊び，豊かな人間性と創造性を備えた人間の育成を期する」教育を推進する，と書かれている。つまり，もともと教育とは民主主義国家の発展と世界平和，人類の福祉向上を実現するために，豊かな人間性と創造性を兼ね備えた人間を育成するために行われるものだと記されているのだ。

　これは，日本ソーシャルワーカー連盟が提唱したソーシャルワーク専門職のグローバル定義の中にある『社会正義，人権，集団的責任，および多様性尊重の諸原理は，ソーシャルワークの中核をなす[(3)]』という文章と通ずるものがあるだろう。本来教育にも「人類の福祉の向上」が理念として掲げられており，学

校にも福祉的機能があるはずだと考えることができる（学校の福祉的機能については後述する）。

　しかし，実際の教育現場を見ると，子どもたちは校則によって同じような格好と髪型をさせられ，集団行動からはみ出た子どもは教員からの指導対象となる場合がある。最近ようやくジェンダーレスや合理的配慮が学校現場でも着目されるようになってきたが，個人の尊厳や多様性の尊重とは離れた状況である，と学校現場で働くSSWとして感じてしまう。

（2）教育基本法　第1条　教育の目的

　では，「教育基本法　第1条　教育の目的」を見ていく。「教育は，人格の完成を目指し，平和で民主的な国家及び社会の形成者として必要な資質を備えた心身ともに健康な国民の育成を期して行わなければならない」と定められている。一方，社会福祉の目的の根拠となる「日本国憲法　第25条」には『すべて国民は，健康で文化的な最低限度の生活を営む権利を有する。』とある。

　ここでわかることは，教育と社会福祉の目的は異なるということだ。民主主義社会の形成者となるべく心身ともに健康な国民となるよう，人格形成を目的として教育は行われる。一方，社会福祉の目的は子どもたちの権利を保障することである。そのため，SSWは教員と異なり子どもたちを指導する立場にはない。教員とSSWとで子どもの支援に対する思いの方向性が違ったり，教員とSSWとでお互いに求める役割期待が食い違ったりすることがある。

　例えば，不登校の子どもがいたときに，教員は「学校に来てくれれば何かしら力になれる」と登校刺激をしようとする。子どもは「学校に行きたくない」と言いづらい（言うと叱られるかもしれないという思いから）ので，教員の前では「学校に行きます」と言う。しかし，その「学校へ行かなければならない」という気持ちがより子どもに負担をかける。SSWは子どもが教員には伝えられない本音の部分を，信頼関係を構築した上で引き出し，教員側に伝える役割がある。子どもに「学校に行くことが負担になるなら，安心して過ごせる場所にいることを優先していい」と伝えられるのはSSWだからこそだ。

　実際に学校現場で働いていると，SSWができるアウトリーチ機能（特に家庭訪問）を利用して登校刺激や生存確認をさせようとする教員がいる。これは教員がSSWの本来の役割を理解しておらず，SSWも教員側にSSW本来の役割を伝えられていないことから生じるものであるが，「なぜSSWが家庭訪問を行うのか」という意味を教員側にも理解してもらえないと，SSWの活用には繋がらない。

　逆に，SSW側も教員の思いを汲み取ることができなければ，教員がどのように子どもにアプローチしたいのかを理解できない。学校現場で働くSSWとして教員と同じ方向を向いて子どもの支援を行うために，それぞれの立場がめざす目的が異なることを理解しながらお互いの思いを擦り合わせる必要がある。

（3）教育基本法　第5条　義務教育

　次に，「教育基本法　第5条　義務教育」である。「国民は，その保護する子に，別に法律で定めるところにより，普通教育を受けさせる義務を負う」「2　義務教育として行われる普通教育は，各個人の有する能力を伸ばしつつ社会において自立的に生きる基礎を培い，国家及び社会の形成者として必要とされる基本的な資質を養うことを目的として行われる」と書かれている。この条文の中にある別の法律とは日本国憲法のことであるが，「日本国憲法　第26条」には『すべて国民は，法律の定めるところにより，その能力に応じて，ひとしく教育を受ける権利を有する』とあり，『すべて国民は，法律の定めるところにより，その保護する子女に普通教育を受けさせる義務を負ふ。義務教育は，これを無償とする』と書かれている。

　これらの意味するところは，「教育を受けさせる義務」が保護者にあるのであって，子どもたちは「教育を受ける権利」を持っている，ということである。また，各個人の有する能力を伸ばしつつ，その能力に応じて子どもたちみんなが平等に教育を受ける教育を持っているのだ。

　このような中で，実際の教育現場はどうだろう。例えば，貧困家庭で不登校の子どもは，フリースクールに通うお金がなかったり，進学に向けて十分な学

習の保障が行われなかったりする場合がある。これでは，その子どもが「本当はこういう学校に通いたい」と志望する学校があったとしても結局諦めざるを得ないことになり，平等に教育を受ける権利が奪われてしまう。SSWはこのようなことで子どもたちが自分自身の将来を諦めてしまわないように，行政サービスなどを活用して支援をしていく必要がある。

（4）学校が持つ福祉的機能とは

では，学校が持つ福祉的機能とはどのようなものだろう。鈴木庸裕は著書で「学校の福祉的機能とは，学校や教師が子どもの生活の質の向上と幸福追求についていかに責任を負うのかという公的な子どもの保護機能」（鈴木　2015）[4]であると述べている。さらに，この学校の福祉的機能は3つの視点で論じられてきた，とも述べている。それは以下の内容である。

① 学校教育の基盤として子どもの就学条件や教育環境の条件を整備すること。
② 学校や教師の教育活動のすべての過程において，子どものみならず教師や保護者・養育者の権利を保障すること。
③ 子どもを福祉の対象としてみるのではなく，福祉を権利として要求し行使する主体に育てていくことにあたる。

そもそも，日本において教育と福祉が繋がっていると考えられるようになったのは，義務教育制度がどのように成り立ったのかという歴史にさかのぼる。元々，子どもは「教育を受けるもの」という立場ではなく，「労働力」として考えられていた。特に女子は，第二次世界大戦前まで教育を受けるよりも家のために働き，妹や弟の面倒を見る母親代わりの役割を担っていた。男子も，女子よりは教育を受ける権利を保障されていたが，それでも家の状況によっては学業よりも家業の手伝いを優先せざるを得ない状況であった。

敗戦後，労働力として子どもの権利を奪われないように工場労働法ができ，

さらに子どもの保護と健全な未来の労働者を育成する場所として学校を位置づけるべく学校法ができた。敗戦直後こそまだまだ子どもたち全員の教育を受ける権利が保障された訳ではなかったが，戦後からの復興とともに「学校に通うことが当たり前」という環境ができてきた。

しかし，それに併せて「良い学校に進学することが良い仕事に就ける」という風潮から受験競争や学力格差が大きくなり，先述した「ひとしく教育を受ける権利」が奪われるようになってきたのである。この風潮は現代社会においても，まだまだはびこっているだろう。

また，『福祉を権利として要求し行使する主体に育てていくこと』という論点だが，実際の教育現場を考えると，どれほどこの部分を意識した教育が行われているのか，疑問である。学校教育は文部科学省による学習指導要領に基づいて行われる。そして，授業の質は教員に左右される。つまり，学習指導要領や教科書という教科教育のベースはあるものの，実際に授業を行う教員によって教育の質は異なる場合がある。義務教育期間で福祉教育が行われるとしても，「保育園で子どもたちと遊ぶ」「老人ホームで高齢者と交流する」「特別支援学級の子どもと通常級の子どもとで交流する」という内容が主なものだろう。

子どもたち自身が，子どもの権利条約にもあるような『生きる権利，育つ権利，守られる権利，参加する権利』[5]を持っているのだと思えるようにならないと，学校に福祉的機能があるとは言えないのではないか，と私は考える。SSWとしてできることは，支援を行う子どもたちにこれらの権利を持っていると伝え続けることや，お便りを通して全校の子どもたちに啓蒙活動を行うことに限られてしまう。拠点校配置型のSSWですらできることが限られているのだから，派遣型のSSWができることはもっと限られるだろう。そのため，学校教育において学校の福祉的機能という役割を果たすためには，やはり教員の理解と協力が必要不可欠だと思う。

（5）最後に

　ここからは拠点校配置型として勤務するSSWの一人の意見として読んでいただきたい。

　東京都など首都圏には都立高校から私立高校，サポート校，通信制高校など，進学における選択肢がたくさんあって，正直うらやましいと私は思う。私が生まれ育った地元は高校選択も限られ，コミュニティの狭さからどこかに必ず自分の存在を知る人物がいるような状況であった。悪い言い方をすると，「どこにも逃げ場がない状況」だったのである。不登校やいじめに悩む子どもたちの中には，どうすれば良いのかわからなく苦しい子どももいるだろう。

　この節のテーマである義務教育期間は多くの場合，住んでいる地域によって学区が決められ，9年間同じ面々の子どもたち同士で生活することになる。現在は学校選択制や受験によってコミュニティに捕らわれない学校選びができるようになったが，限られた自治体に住んでいないと学校選択制の恩恵は受けられないし，経済力や学力がないと受験すらできない場合もある。

　先述したように，教育基本法に定められているような「個人の尊厳を重んじ」，「各個人の有する能力を伸ばす」教育が，義務教育期間でどれほど行われているのだろうか。校則によって服装や髪型まで決められている。そして教育によって伸ばされる能力は，結局のところ学力と集団生活における協調性（同一性）である。集団から外れる行動をとると「問題行動」とラベルを貼られる。

　このような義務教育期間にSSWとして求められることは，社会福祉の価値・理念の下で子どもたちの背景や思いに寄り添うことである。そして日本国憲法に定められているように「その能力に応じて，ひとしく教育を受ける権利」と「健康で文化的な最低限度の生活を営む権利」を保障していくことだ。義務教育はどの子どもも通る道である。そのような貴重な9年間を子どもたちにとって有意義なものになるような支援を行うため，我々SSWは存在する。

　一見，教育と福祉は相容れないように思えるが，この節でも紹介したように重なる部分もある。だが，教員側には『社会福祉』という考えはほとんどないだろう。その中で，いかに教員とSSWが連携し一緒に子どもの支援を行って

いくのかが，今後も課題である。

5　高等学校

（1）はじめに

　現在，高等学校（以下，高校）へ進学する子どもは，通信制高校を含めて98.8％にのぼっている。[6]子ども（児童福祉法第4条より児童とは18歳に満たない者）たちは高校を卒業すると，頼れる場所や活用できる社会資源がないという壁に直面することも多く，高校スクールソーシャルワーカー（以下，SSW）の働きかけが非常に重要になってくる。このことを念頭に置き，支援を必要とする多くの子どもと出会えるように，学校の教職員や様々な自治体等と連携し，子どもとその家族を見守ることのできる環境をつくっていく必要がある。本節では，SSWの体制等を小・中学校と比較しながら述べるとともに，支援の具体例を紹介する。

（2）高校におけるSSWの所属と勤務体制について

　公立高校は，公立小・中学校と異なり，子どもたちの多くが自分の住所地（居住地）外の学校へ通う。そのため，各都道府県立高校に勤務するSSWは，都道府県教育委員会において採用される（市立高校は市教育委員会の採用）。また，私立高校は私立小・中学校同様，学校独自でSSWを採用している。

　SSWの雇用体制（勤務日数や勤務時間等）は，各都道府県の生徒が抱える課題，財政上の制限，各校の課程（全日制，定時制，通信制等）によって異なっている。例えば，全国の定時制・通信制高校におけるSSWの配置状況は，「非常勤職として月1回勤務」が最も多く，次いで「非常勤職として週1回勤務」となっている。[7]

（3）高校という学校現場がSSWに求めること

　SSWへの依頼内容の多くは，その都道府県教育委員会がSSWをどのような

目的で導入しているかに影響を受ける場合が多い（「不登校対策」であれば不登校に関する依頼が多く「いじめ対策」であればいじめに関する依頼が多くなる）。

　また，学校の管理職（校長・教頭等）の認識や，過去にどのような内容でSSWに依頼をしたかによっても，期待される働きや役割が決まってくる。

　このことから，SSWが高校から依頼を受けた際は，訪問時にSSWの役割や業務内容について，SSW自身が直接説明し，高校側と認識の相違がないかを確認する必要がある。これを怠ると，高校とSSWが連携関係ではなく，対立関係となり，かえって子どもにとって不利益となる環境をつくってしまうことにもなりかねない。

　また，高校生の場合，背景に保護者やきょうだいの問題を抱えていることも多い。そのため，学校からの依頼内容の解決のみでは，本人とその家族の問題の根本的解決に至らないことも少なくない。このことを踏まえ，高校から依頼を受けた段階で，依頼内容の解決のみで支援が終結しないよう，学校側と認識を共有する必要がある。

（4）高校生への支援の特徴

　高校生に対する支援の特徴で，特に小・中学校と異なるのは以下の3点である。

　まずは，「義務教育ではない」ということである。これは，退学願が提出された場合，支援途中もしくは介入前，つまり本人にとって必要な社会資源等と出会う前に，退学してしまう可能性があるということである。必要な社会資源と出会う前に高校を退学してしまうと，社会とのつながりが失われ，孤立してしまう場合がある。例えば，平成23年3月に内閣府が報告した「若者の意識に関する調査」では，高等学校中途退学者が，その後の進路決定時に苦労してきたこととして，「適切な情報を得る方法がわからない」（19.2%），「気軽に相談できる相手がいない」（14.1%）といった点が挙げられている。[8]このように，高校を中途退学することで，様々な問題や課題（進路選択や進路活動，家族問題や金銭面の悩み等）が生じた際に，適切に対処することが難しくなってしまうと

いうリスクがある。そのため，学校からの依頼だけでなく，SSW自身からも積極的にアプローチし，予防や早期発見，迅速な介入を行う必要がある。

　次に，「子どもたちは様々な住所地から通学する」（A市にある県立高校に，B市，C市，D市からも通学してくる）ということである。一つひとつの市町村の社会資源を知り，社会資源や関係機関と顔が見える関係を築くには時間がかかる。そのため，ある市町村の関係機関と連携した場合には，その市町村の他の関係機関や部署に挨拶へ出向いたり，資料を集めたりすることも必要となる。こうした対応が，別の生徒から依頼があった場合の連携をスムーズにし，子どもたちとの信頼関係の構築にも繋がっていく。

　特に高校生は，SSWとの面談を通じて，今後どのような社会資源を利用し，繋がっていくかを自分で決めることも多いため，資料に書いてある内容のみを説明するのではなく，生きた情報（その社会資源をどのような人が利用し，どのような職員が担当しているか等）を把握しておくことも大切である。また，すでに子どもたち自らが，インターネットやSNS等で知識や情報を入手している場合も多いため，その知識や情報と，SSWが持つ情報とを照合し，子どもの自己決定に繋げることが重要である。

　3つ目の特徴として，「問題やSOSが見えづらいこと」が挙げられる。問題が見えづらくなる要因は多様だが，例えばアルバイトで収入が得られるようになること，公的自己意識の高まり，中高連携の不足等が挙げられる。

　高校生になるとアルバイトをすることが可能になり，学校や日常生活での費用を本人が自力で賄えるようになるため，金銭的な問題が表面化しづらくなる。

　また，中村が「中学生から高校・大学生にかけて公的自己意識が強まり，自分が他者からどのように見られているかに対する不安が強くなると考えられている。特に男子よりも女子の方が，他者からの評価に対して不安を感じやすい」[9]。と指摘しているように，高校生の子どもたちは，公的自己意識の高まりに伴う，周りからの評価に対する不安感から，問題を相談できずに一人で抱えてしまう傾向がある。

　他にも，高校は中学校までの生徒情報や支援歴を，高校側から中学校に問い

合わせるか，本人から申し出がない限り，簡単に知ることはできない。こうしたことから，高校では「問題やSOSが見えづらくなる」という特徴がある。そのため，SSWは，担任だけではなく，学校組織全体で子どもの情報を収集し，共有できる体制の構築を働きかける必要がある。

（5）高校生に対する支援の具体例

　高校1年生のAさんは，とても元気なクラスのムードメーカーである。しかし本来生徒一人で来るはずの高校入試出願時に，市の職員が同行していたため，学校の教職員も入学前から少し気になった。入学後すぐに事務室より，学校の諸経費を滞納するようになったとの連絡を受けたことから，担任と家庭訪問を実施したところ，母は脳血管の疾患により車いすで生活し，姉は一日中部屋で過ごしていることがわかった。家庭訪問で本人から話を聞いたところ，父はAさんが中学2年生の3学期の頃に発生した交通事故により，意識がない状況とのことであった。そのため，それ以降一家は生活保護を受給し，母は介護認定を受けて，ヘルパーが週5日食事を作っているが，母は3カ月前から1人でトイレにも行けず，Aさんが食事以外のすべてを介護していたこともわかった。

　その後，Aさんと定期的な面談や家庭訪問をする中で，Aさんから「姉は急に赤ちゃん言葉で話すことがある」「母は私が小さい頃から現在までお酒とたばこがやめられない」と話してくれた。また，以前は父親が仕事をしながら家事と育児，お金の管理をしていたこと，Aさんは幼少期から母に暴力等をふるわれており，そのことが原因で，自傷行為を続けていること，父が入院してからは，中学校へ1度も登校していなかったこと等も判明した。そこで父が入院している病院の医療ソーシャルワーカーへ連絡したところ，Aさんが保育園年長の時と，中学3年生の1年間だけ，児童相談所が本人と関わっていたこと，姉と本人は心理カウンセリングを数回受けているが，現在は中断している状況であることなどがわかった。

　加えて，SSWが継続的な支援を行う中で，服にはサイズ（S，M，Lサイズ等）があること，学校の事務費の支払い方，困ったことあった場合は，誰かに聞い

たり頼ったりすることといった，日常生活での基本的な知識技能が身についていないことも判明した。そこで，就職活動用のスーツの購入にSSWが同行し，店頭でタグの見方や試着方法を伝えた。その中で本人は服によってサイズが異なることや，自分にあうサイズがあることを学んだ。また，学校の事務費の支払いについては，本人が事務費の用意までを，市生活保護課のケースワーカー（以下，CW）と一緒に行うことを希望したため，SSWからCWへ依頼した。そして，事務室への支払いは，本人が慣れるまではSSWと一緒に行うように支援した。またSSWが毎週電話をかけ，その週の予定や提出物の期限等を質問し，本人が答えられない場合には，誰にどのように確認すれば良いかを伝えた。加えて，本人や家族と関わっている関係機関の名前と連絡先の一覧表を作り，自宅の冷蔵庫に貼ってもらうことで，困った時にすぐに頼れる状態を整えた。

（6）最後に

　本節では，小・中学校の状況と比較しながら述べてきたが，SSWが支援にあたる場合は「高校生だから」という視点だけでなく，「その子（個）」を見ること，同じ目線に立ちながら，その子どもを中心として周りの大人や環境が，何をしてあげられるかを丁寧に考察していくことが大切である。子ども自身，それぞれに意思や希望を持っているため，SSWがその良し悪しを評価したり，SSW自身の考えを押しつけたりすることなく，自己決定できる環境を整えることも重要である。また，約18年間生きてきた中で，子どもたちなりのSOSが見過ごされ，適切に受け止めてもらえなかった記憶や，必要な時期に必要な支援が受けられなかった経験から，大人への不信感や未来への失望感を募らせていることもあり，最悪の場合，自殺へと繋がっていってしまう可能性があることも，認識しておかなければならない。実際に，文部科学省によると，令和2年度に自殺した児童・生徒の人数は479人と過去最多となり，高校生が92人増，特に女子は2倍以上の138人となっている。[10]また，自殺原因は学校問題（「進路の悩み」や「学業不振」）がもっとも多いとされているが，女子は「病気の悩み・影響（うつ病）」がもっとも多い。[11]そして，その他にも様々な要因（健康問題や

家庭問題等）が複雑に絡んでいることも想定しておく必要であり，うつ病等の病が発生する前に予防，早期発見・早期対応を積極的に行う必要がある。

　こうした痛ましい事態を避けるためにも，まずは本人の意思や希望について話しやすいと感じる環境を丁寧に整えていくことが重要である。そのためにもSSWr自身が，学校生活の中に積極的に入り込み，子どもと直接顔が見える関係をつくらなければならない。その中で本人が今まで伝えられずにいたSOSをキャッチし，子どもの代弁者として学校や関係機関等に働きかけ，子どもの希望を実現していくことが求められている。SSWは子どもに「自分のこと（気持ち）を大切にしてよい」ということを伝え，子どもが苦しい時の逃げ場になれる存在でなければならない。

注
(1)　地方教育行政の組織及び運営に関する法律
(2)　文部科学省『教育基本法』2006年改正
(3)　日本ソーシャルワーク連盟（2014）『ソーシャルワークのグローバル定義』
(4)　鈴木庸裕（2015）『スクールソーシャルワーカーの学校理解　子ども福祉の発展を目指して』ミネルヴァ書房
(5)　ユニセフ協会『子どもの権利条約』1994年日本批准
(6)　文部科学省初等中等教育局参事官（2020）「高等学校教育の現状について」p 1
(7)　文部科学省初等中等教育局参事官（2020）「定時制課程・通信制課程の現状について」p 13
(8)　内閣府（2011）「若者の意識に関する調査（高等学校中途退学者の意識に関する調査）報告書（解説版）」p 15
(9)　中村千尋，高木秀明（2012）「青年期における対人不安・緊張の構造——発達段階による変化に着目して」『横浜国立大学大学院教育学研究科教育相談・支援総合センター研究論集』p 50-52
(10)　文部科学省（2020）「コロナ禍における児童生徒の自殺等に関する現状について」p 3
(11)　厚生労働省（2020）「令和2年　児童生徒の自殺者数に関する基礎資料集」p 8

参考文献
朝倉隆司・竹鼻ゆかり・馬場幸子（2019）「教師のためのスクールソーシャルワーカー入門」大修館書店，P 65-70

山下英三郎・内田宏明・牧野晶哲（2012）「新スクールソーシャルワーク論」学苑社，
　　p 75-80

第Ⅱ部

スクールソーシャルワークの実践

<table>
<tr><td>第6章</td><td>学校協働体制づくり（メゾ）</td></tr>
</table>

1　支援過程

（1）スクールソーシャルワークにおけるメゾの位置

　ソーシャルワーク理論に基づく支援における視座は，当然のことながらマクロ（国：法制度），メゾ（支援供給システム：自治体・地域），ミクロ（直接支援：学校・家庭・子ども）と設定するべきである。しかしながら，スクールソーシャルワーカーの実際の配属状況，業務範囲を考えるとこのシステムサイズの置き方が小さくとられている現実がある。つまりは，マクロが自治体であり，メゾが地域・学校，ミクロが家族・子どもという設定である。これだと，法制度の視点が大きく欠落するので，スクールソーシャルワーカーとしての視座が極端に狭くなってしまう。即ち，児童虐待の対応などは特に児童福祉法及び児童虐待防止法の規定に準拠するわけであるし，生活保護法など所得補償の法枠組みも政府が主導して規定している現実があるので，政策動向に大きく左右されるわけである。また，そもそもの職種を雇用する予算は文部科学省が決めているし，年度年度の重点項目も変化しているし，予算額も変わってきている。日々の業務は，政府の方針に左右されざるを得ない。これをシステムとして捉える視座は専門職として不可欠なのである。

　そして，従来のソーシャルワーク教育ではメゾレベルを対象設定として捉えてきたが，システム論から検討すれば，これは正確ではないことが了解できるはずである。つまりは，メゾレベルというのは，マクロレベルとミクロレベルをシステム的に仲介する媒介的領域ということであり，単に自治体とか学校とか，ましてやケース会議という事項を指し示すものではない（図6-1）。メゾ

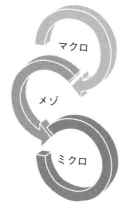

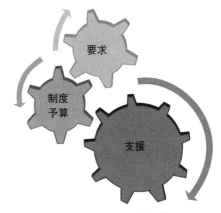

図6-1　ミクロとマクロの交互作用点　　　　図6-2　現在的な社会福祉支援供給システム
（出所）　筆者作成　　　　　　　　　　　　（出所）　筆者作成

レベルについてブロンフェンブレンナー[1]は，「発達し続ける人間が活発に参加する2つあるいはそれ以上の状況間の相互関係を表す」としていて，相互関係そのものを指すとしている。この原典は1979年にアメリカで主版されているが，1997年の著作[2]におけるスーザン・ケンプ，ジェームス・ウィタカー，エリザベス・トレーシーの見解でも同様であり，メゾレベルを具体的な場として特定したのではなく，要素間の相互関係を示したことは明らかである。我が国においても小松源助はソーシャルワークについて「とりわけ，人と環境が交互作用（transaction）する生活領域である「インターフェイス（interface）－『接触面』に焦点をおいていくという点[3]」に特徴があるとし，人と環境の接触面への注目を重視した。メゾレベルの環境とミクロレベルの個人との接触面はメゾレベルと捉えるのが妥当である。近年では，空閑浩人[4]が「社会環境がいかに個人に影響を及ぼすかということ，それゆえに個人と環境とを一体的にとらえる視点が必要であるということ，そのことがソーシャルワークを有効に機能させることにつながるということが，必ずしも明確に示されてこなかった」と，一体に捉えていくためにはメゾレベルを的確に理解することが重要であることを示唆している。

　つまりは，国レベルの施策が個人に対していかにして関係してくるのか，また個人の意思が国レベルにいかに関わっていくのか，その媒介システムがメゾなのである。介護保険の場合は，定型的なのでこれがわかりやすい。即ち，国が決めた介護保険法の内容と予算が利用者に届くために，市町村財政と地域において介護支援専門員によるケアマネジメントシステムが機能していくわけで，ここがメゾレベルということになる。では，スクールソーシャルワークにおいてはどうなのか。図6-2に示したようにメゾレベルで行われることは，一つの方向ではマクロからミクロへの流れへの仲介，もう一つの方向としてミクロレベルからマクロレベルへの流れへの仲介である。前者は，自治体レベルの制度，予算つまりは行財政システムを媒介してコミュニティを場としたケースマネジメントによる体制を整えるということになる。これが，第8章で見るように多様な内容を含むのである。後者は，自治体議員や自治体首長へ政治システムの方法（陳情，デモ，選挙等）で媒介したり，ソーシャルワーカーが当事者とともにソーシャルアクションという運動により媒介したりしていくのである。整理すると，メゾレベルというのは，①子ども・家庭の要求（ニーズ）をメゾを介在して政策へ届ける②政策制度的支援をメゾを介在して当事者へ届ける，という2方向の意味を有するということである。

（2）スクールソーシャルワークにおける支援過程と実践倫理

　ソーシャルワークは一連の理論的な支援過程を必ず有しなければならない。それは，一般的には，①インテイク（受付）②アセスメント（調査）③プランニング（計画）④インターベンション（介入）⑤モニタリング（経過観察）⑥エバリュエーション（評価）⑦ターミネーション（終結）とされてきているし，スクールソーシャルワークの場合も当然該当するのであって，一部の現場で行われているような過程のうちのケースカンファレンスつまりは③プランニングのみということでは，ソーシャルワークとは言えない。そして，この過程にはスクールソーシャルワーカーが子どもを対象とした支援を行うという意味での固有の価値，倫理が必要である。

日本社会福祉士会スクールソーシャルワーク実践ガイドライン[5]の中で内田宏明は，スクールソーシャルワークの過程について以下のようにまとめているので，やや長いが引用する。これは，日本社会福祉士会に属するスクールソーシャルワーカーの大きな指針となるべき内容なので，よく理解しておくことが大切である。

実践倫理

☆相談の受付（インテイク）

　本来であれば子どもが相談することを望んだとき，子ども自らが相談に訪れることが可能な条件設定や体制づくり，雰囲気の醸成が大切です。しかしながら現状では，教員から相談案件として回ってくるということが多いでしょう。その場合，常に心においておかなければならないのは，"語れなさ"を多くの子どもが抱えているということです。この"語れなさ"に共感しつつ，追求するような「訊く」姿勢をとらずに「待つ」姿勢で，言葉にならない声をどう「聴く」（傾聴する）のかが大切です。

☆信頼関係（ラポール）の形成

　関係というのは相互作用の中で成り立つものです。いくら私たちの側が「受容」の姿勢を保持したところで，子どもの側から私たちが「受容」されなければ（受け入れられなければ），関係は紡いでいくことができません。先生や保護者と異なる第三の大人としての子どもとの関係性は，課題のみに目を奪われず，子どもの可能性（ストレングス）に視点を置くことから始まります。

☆課題の背景理解（アセスメント）

　子どもを中心とした他者との関係性がどのようになっているのかを理解するのが大切です。子どもが抱える課題は子どもの中から生じてくるという因果律を越えていくことが求められます。子どもと他者との関係性の中にこそ課題が潜在しているという視点（エコロジカル視点）を鋭く磨く必要性があります。子どもの姿をとおして，個別の課題の背後にある社会的な背景をどの

ように見ていくのかが支援の過程の中でとても大切です。子どもが抱える課題と社会的な背景は密接不可分に絡み合っています。しかしながら，社会的な課題の中の一構成要素として子どもを見てしまっては，子どもは相対的な位置に押し込められてしまいます。一人ひとりの子どもが目の前に現す姿から，社会的な課題を洞察していく力が求められます。

☆支援計画（プランニング）

　子どもの可能性を広げる，社会的な関係性の構築をどのように支援していくのか。私たちの役割は，子どもが生活の中で社会的な関係性を結んでいける環境とのつながりをつくる支援です。そのためには，前提として私たち自身が社会資源との多様な関係性を育んでおく必要があります。

☆権利擁護

　すべての支援過程をとおして，子どもの意見表明，参加を保障していくことが大切です。子どもの権利条約が示し，児童福祉法が理念とする「子どもの最善の利益」は，子どもの意見表明と参加を前提として保障するものです。私たちは支援の全過程をとおしてこの権利を保障することにより，子どもたちは自己の人生を主体的に生きていくことを獲得していけるのです。

（3）実践倫理の理論的背景

①　インテイクにおける傾聴

『ケースワークの7原則』で有名なバイスティックは，傾聴に関して以下のように述べている。

　クライエントは話をする必要があり，ケースワーカーは彼の話を傾聴する必要がある。クライエントが彼の経歴や感情を彼なりの方法で話すことができるようになれば，ケースワーカーはクライエントについていっそう多くのことを理解できるようになる。そして，ワーカーはクライエントを，さまざまな家族との関係や地域とのつながりの中で生きている人として捉えることができるようになる。またワーカーは，クライエントをとり巻く社会的状況

を観察することができるようになり，さらにクライエントと社会的状況との関連の中で，クライエントの感情や問題を理解することも可能になってゆく[6]

つまりは，傾聴は倫理的な姿勢であると同時に，アセスメントにつながる技法なのだということである。耳を傾けることにより，「つながりの中で生きている人」のつながりを聞き取ることが可能となるのである。

② 信頼関係（ラポール）の形成

バイスティックは，LeRoy M. A. Maeder の著書から引用して以下のように信頼関係（ラポール）を形成することの重要性を解説した。

　ラポールを確立することができれば，ケースワーカーはすべての面接において，温かく，自然で外交的に振舞うことができる。また，援助に手ごたえを感じることもできる。ケースワーカーは，援助という目的をもった援助関係をつくるために，クライエントとの間に情緒的な橋を架ける。そしてケースワーカーはこの架け橋を通して，クライエントと彼が抱える問題に関する事実や資料を獲得し，同時にこの架け橋を通して，ケースワーカーの解釈，助言，示唆をクライエントに伝えることができるのである[7]

　ラポールの形成もまた，倫理的な姿勢であるとともに，アセスメントにつながる技法であることがわかる。つまり，ラポールが形成できていなければ，「抱える問題に関する事実や資料が獲得」できないのである。

③ ストレングス視点

これは子どもの長所，強さ，可能性に着目していくことで，1980年代後半にアメリカのカンザス大学においてモデル化された。その中で，セールベイは，[8]①エンパワメント，②成員性，③内部からの再生と治癒，④共働，⑤対話と共同，⑥概念の払しょくの6点を，重視している。支援者は，子どもの知，経験から学び，希望，主体性を見出すことを心掛ける。支援者が最も貢献できるのは，互いに協働関係（パートナーシップ）が構築できるときである。エコロジカ

ルアプローチとともに，エンパワメントアプローチの発展へとつながった。

④　エコロジカル視点

　ジャーメインとギッターマンは，エコロジカル視点を提唱した。人と環境との接点において，様々な交互作用が生じ，その中で生活課題が生じてくる。直線的な原因と結果という単純因果論ではなく，原因が結果となり，その結果がまた原因となって課題を生じるといった複雑な構造を呈しているとの理解が必要である。人は環境の変化に応じて，独自の適応性を備えた有機体であり，また環境に働き掛け変化を促すことのできる能力を有しているのである。この視点は，明日アセスメントを行っていく上での観点として非常に重要である。しかし，一方で支援の方法として応用することは困難であるうえに，そもそもエコシステム自体が有している「弱肉強食」の論理は，ソーシャルワークにおける支援理論にはなり得ないという限界性が指摘されている。

⑤　アセスメントにおける「社会的課題の洞察」

　ソーシャルワークのグローバル定義の解説【中核となる任務】において，「社会変革の任務は，個人・家族・小集団・共同体・社会のどのレベルであれ，現状が変革と開発が必要であるとみなされる時，ソーシャルワークが介入することを前提としている。それは，周縁化・社会的排除・抑圧の原因となる構造的条件に挑戦し，変革する必要によって突き動かされる」とミクロからマクロに至るあらゆるレベルの介入がソーシャルワーカーには求められる。従って，クライエントを取り巻く，広範な社会的課題を洞察していくことが，ソーシャルワーカーアセスメントの中核になければならない。身体的・心理的事項のみでは，アセスメントとは言えないということであり，ソーシャルワーカーの支援の根拠にはならない。

⑥　支援計画（プランニング）における社会資源の意味

　同じくソーシャルワークのグローバル定義の解説【実践】において，「ソーシャルワークの参加重視の方法論は，『生活課題に取り組みウェルビーイングを高めるよう，人々やさまざまな構造に働きかける』という部分に表現されている」とあるように，この人々及び様々な構造こそが，「社会資源」である。

単に法律に規定された支援機関・組織のことをさすものではないことは言うまでもない。ただ単に既存の制度やサービスに当てはめるのは，支援ではなく型枠にはめるだけの行為ということになる。「人々や様々な構造に働きかける」中で，新たな社会資源をクライエントとともに発見し，創造していくことがソーシャルワーカーの専門性と言えるであろう。

　⑦　**権利擁護における「子ども最善の利益」**

　国連子どもの権利条約には，「子ども最善の利益（The best interest of Children)」を前提として，「意見表明・参加権」を軸とし，「生存の権利」「発達の権利」「保護の権利」および「特に困難な状況の子ども」の権利が条約で構成されている。子どもを受け身の存在としてだけでなく，「権利を有する」能動的な権利の行使主体として明確に規定している。そして，子ども最善の利益は，子どもの意見（view）表明があって初めて，判断されるものであることが国際的な標準として掲げられている。

2　アセスメント，支援計画，記録

(1) アセスメント

　J. ミルナーと P. オバーンは，ソーシャルワーク・アセスメントについて，「アセスメントとは客観的にニーズを判定し，サービスの利用条件を満たしているかを判断する過程である。それは，申請者，介護者，他の関連機関がともに参加する過程である[9]」と説明している。つまりは，対象が子どもの場合は，子ども本人，保護者等家庭，学校等の関係機関等から様々な情報を収集し，総合的な観点からニーズを捉え，どのような支援を提供するのが適切であるのか判断する一連の過程と言うことである。この包括性を図で示すと，**図 6-3**「包括的支援の視点」のように示すことができる。

　これを項目ごとに整理していくと，主なものとして以下のような項目が上げられる。

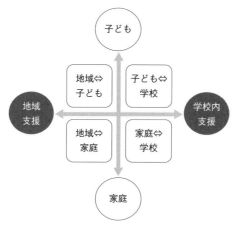

図6-3　包括的支援の視点

① 子ども本人：主訴・希望・思い，人間関係（家族，友人，教職員，地域等），
　身体状況，心理的状況，就学状況，学習状況　等
② 家族：家族構成，年齢，職業，身体・心理的状況，経済的状況，関係性
　等
③ 学校：校務分掌，組織体制，管理職の方のお考え，学校文化　等
④ 地域：地域特性，生活保護率等の指標，フォーマルな社会資源，イン
　フォーマルな社会資源　等
⑤ 法制度：学校教育法，児童福祉法，その他福祉法における支援制度　等

※巻末資料の①〜④アセスメント票例（日本社会福祉士版スクールソーシャル
　ワーカー実践ガイドライン版）参照

社会資源一覧例
• 福祉関係機関（各自治体・圏域を含む）：児童相談所，福祉事務所，自立相談
　支援機関，要保護児童対策地域協議会の所管部署，児童家庭支援センター，
　民生委員，主任児童委員，社会福祉協議会，放課後児童クラブ，児童館，保
　育所，障害福祉サービス等事業所（放課後等デイサービス等），発達障害者支

援センター，学習支援，子ども食堂，等
- 保健医療関係機関：保健センター，保健所，精神保健福祉センター，病院 等
- 刑事司法関係機関：警察署（生活安全課等），人権擁護委員会，少年サポートセンター，少年補導センター，家庭裁判所，少年院，少年鑑別所，保護観察所，法務少年支援センター，日本司法支援センター（法テラス），スクールサポーター，保護司，少年警察ボランティア　等
- 教育関係機関：教育支援センター（適応指導教室），教育センター，教育相談室，塾・民間教育施設，転出入元・先の学校，学校地域本部，学校ボランティア団体，近隣の小・中学校，等
- 地域のNPO・ボランティア団体
- 自治会，住民組織
- 商店，コンビニ，新聞，郵便　等

（2）支援計画

　支援計画は，ニーズに対応した支援を短期的視点，中期的視点，長期的視点にたって計画しなければならない。

　①　短期的：今，直ぐしなければならなないこと。1週間以内。
　②　中期的視点：1学期から1学年
　③　長期的視点：現在から卒業後を見据えて

　支援計画の決定は支援会議において行われるべきである。その際に，どの組織の，誰が，いつまでに，何を，どうするのかという役割分担をしっかりやらなければならない。ただ単なる情報交換で終わってしまえば，具体的な支援は進展しないことになってしまう。そうなってしまえば，子どもの成長は早く，あっという間に学期の終了，学年の終了，そして卒業ということになってしまうのである。

参考：支援計画票（日本社会福祉士版スクールソーシャルワーカー実践ガイドライン版）

（3）記録

　ソーシャルワーク記録の科学化は，現場においても充分進んでいない現実がある。しかし，インテイク面接から，アセスメント，支援計画立案，支援の実施状況，支援の終結に至るまで一連の過程全てを記録に収める必要がある。いかに科学的な記録をとるかでソーシャルワークの支援そのものが，大きく質的に変わってくると言って過言ではないであろう。

　科学的なソーシャルワーク記録方法として近年注目されているのが，嶌末と小嶋によって開発された生活支援記録法（F-SOAIP）である。この記録法のポイントは，叙述的に日誌風に長文で書き流すのでなく，項目ごとに分かち書くことにある。項目を以下に示すと。

① 　F（Focus）ニーズ，気付き
② 　S（Subjective Data）利用者の言葉
③ 　O（Objective Data）観察や他職種からの情報
④ 　A（Assessment）支援者の判断・解釈
⑤ 　Ⅰ（Intervention / Implementation）支援者の対応（介入・支援の実施）
⑥ 　P（Plan）当面の対応予定

　これらの項目ごとに日々の支援記録をとることにより，記録の字用法を整理すれば地域におけるケース検討会議においても，「多機関による情報共有・連携のために活用することができ」るとされている。他機関においても活用ができるということは，学校内支援会議において他職種である教職員との情報共有・連携が求められているスクールソーシャルワーカーにとって，極めて大切なツールとして機能することになるであろう。

3　ケースカンファレンスの運営

（1）はじめに

　本事例では，多くの学校で意識的に活用されてきているケースカンファレンスの運営について取り上げる。学校に関わるケースカンファレンスには，校内関係者のみで行われる校内ケースカンファレンスと，関係機関も含めた拡大ケースカンファレンスの2つがある。この節では，特に校内支援体制構築につなげるための校内ケースカンファレンスに着目していく。

（2）本事例におけるケースカンファレンス

　ケースカンファレンスとは，「児童生徒を支援していく上で，支援に関わる者が共通理解のもとに今後の支援の方針や方法を検討し，支援計画をつくり，PDCAサイクルの定着を進めるための会議」である。そしてさらに，校内ケースカンファレンスは，担任等が児童生徒の問題を一人で抱え込むのでなく，チーム学校として校内支援体制を構築していくための作戦会議である。

　校内では，様々な大人がそれぞれ一生懸命児童生徒に関わっている。しかし，その思いや方向性がバラバラであると，善意の関わりであっても，逆に害になってしまうこともある。学校全体で共通認識を元にアプローチをしていくために，校内の教職員や関係者が集まり，それぞれが断片的に持っている情報をまとめていく必要がある。子どもの気持ちや，家庭の状況，それぞれの関係性などを共有し合うことによって，より包括的な理解につながる。そして，より良い支援を行っていくために，具体的な支援方針や，それを達成するための役割分担をしっかり決めていく。

　校内ケースカンファレンスのメンバーは，学校にいる関係者，つまり管理職や教職員，さらにスクールカウンセラー（以下，SC）やスクールソーシャルワーカー（以下，SSW）なども含まれている。それに対して，関係機関連携のための拡大ケースカンファレンスには，関係機関（児童相談所，子ども家庭支援

センター，教育相談室など）や，地域の方々も入ることもある。

（3）スクールソーシャルワーカーの役割

　文部科学省が示したスクールソーシャルワーカー活用事業におけるSSWの役割に，「学校内におけるチーム体制の構築，支援」というものがある。そのため，SSWにとっても，チーム学校における校内支援体制を構築する上で，ケースカンファレンスの運用は，重要な役割の１つであると言える。ただSSWは，手段を目的化してはいけない。自明のことだが学校教職員は多忙であり，安易なカンファレンスは教職員を追い詰めてしまう可能性もある。今この時に，何のために，なぜカンファレンスを開催すべきなのか，学校自体をアセスメントし，見極めていく必要がある。またカンファレンスにおいて，SSWは，ソーシャルワークの価値や理論に基づいた視点を共有していくことが求められるが，特にカンファレンスのプロセスにおいても，当事者である子どもや保護者の声が中心となるよう，働きかけていく必要がある。

（4）ケースカンファレンスの運営（模擬事例）

①　Fくんの不登校

　夏休みが明け，中学校の２学期も落ち着いてきたころ。「また今日もFくんのお母さんと連絡が取れない！」と，担任の声が職員室に響き渡った。「なんで親なのに連絡してこないんだろうね。親としてありえない！」と，学年主任も怒っていた。職員室では，日々Fくんの家庭を批判する声が大きくなっていた。

　Fくんは，中学３年生の男の子であり，不登校である。Fくんの家庭は，母子家庭で，Gさんという中学１年生の妹もいる。Fくんは，昨年の冬に転入してきた。しばらくは頑張って登校していたが，中学３年生になってからは，保健室利用が多くなり，夏休みが明けたらそのまま学校に来られなくなった。Fくんの担任は何度か家庭訪問をしているが，保護者と本人に会えることはほとんどない。また妹のGさんも，最近は欠席が増え，この１カ月は週１回の登校

ができるかできないかで，ぎりぎり学校につながっている状態である。前籍校の学校からの引継ぎでは，保護者は精神の障害があるということ，子ども家庭支援センターと生活保護につながっているという情報があった。

　SSWは週2回の学校配置型である。SSWは以前からこの家庭のことは気になっていたので，たまにFくんやGさんが保健室を利用するときや，遅刻するときに自然を装って出会い，それぞれに認識してもらうことはできていた。ただ，すでに関係機関の支援につながっている家庭であることと，以前は学校に登校し続けていたことから，SSWからの積極的な関わりや家庭訪問はまだしてなかった。

②　カンファレンスの必要性

　校内支援体制としても，今年度，再構築の必要性があった。管理職が変わったばかりであることも現状の体制に大きな影響を与えていた。前年度までの管理職は，学校全体のコーディネートや支援方針を決める要のような役割をしていたが，今年度の管理職は，過去の学校と家庭のやりとりや，保護者や子どもの生育歴への理解がしきれていない現状があった。そのため，教職員は管理職に対して最低限の報連相しかしておらず，みんながバラバラに動いていた。さらに，特別支援コーディネーターである養護教諭も2年目であり，校内支援委員会の他のメンバーにも入れ替わりが多くあった。校内支援委員会は，昨年までの話しやすい雰囲気と変わり，各学年から事務的に生徒の情報を伝えられるだけで，効果的には機能していなかった。

　兄Fくんの担任は元々本人との関係は良かったが，学年主任はFくんと家庭に対して批判的であり，Fくんが不登校になると，担任も学年主任の影響を受けていた。妹Gさんの担任と学年主任は，家庭に対して不安はありつつも優しく見守っているところがあった。それぞれの担任は，それぞれ子どもに必要だと思っていたことをやっているが，一人で頑張っても報われず，疲弊感が募っていた。校内支援体制再構築のためにも，校内ケースカンファレンスの必要性が感じられた。

③　カンファレンスの準備

　SSWは，まずはそれぞれの担任と話す中で，ケースカンファレンス開催のニーズを確認した。その後，校内支援委員会でケースカンファレンスの必要性を提案し，委員会メンバーに賛同と，管理職の許可も得た。カンファレンスの目的は，校内支援体制の構築のために，学年ごとでバラバラに持っている情報の共有と，学校としての支援方針を決めて役割分担を行うこととなった。そして，参加メンバーの選定を行った結果，管理職，それぞれの学年主任と担任，特別支援コーディネーターである養護教諭が参加することになった。特別支援コーディネーターには，司会と，日時・場所の調整，メンバーへの周知をお願いした。SSWは，司会のフォローと，当日までに，それぞれの担任や関係機関への情報収集を行い，カンファレンスシートにまとめることになった。

④　カンファレンス当日

　校内ケースカンファレンスは，生徒の下校後すぐの時間で行われた。はじめに，カンファレンスシートを配布し，特別支援コーディネーターが今回のカンファレンスの目的を改めて確認した。そして，参加メンバー一人ひとりから，今気になっていることや困っていること，それぞれがFくんやGさんとどのように関わっているのかを確認した。

　Fくんの担任は，家庭訪問をしてもFくんと会えなくなったことや，保護者と連絡を取れないこと，今後の進路のことで悩んでいた。Fくんの学年主任は，加えて，Fくんの生活リズムの乱れ，保護者がFくんを朝起こさないことを気にしていた。Gさんの担任と学年主任は，Gさんの集団の苦手さを気にしていた。Fくんの担任と学年主任が怒っている理由は，母は連絡が取れなくなる以前から，面談の約束をしたとしても，母が別の予定を入れてしまったり，家庭訪問をしても出てこなかったりしたため，裏切られたという気持ちが強いようだった。また，SSWがカンファレンスシートのエコマップを元に，それぞれの学年による現在のアプローチ方法や頻度を確認した。その結果，共通認識を持っていなかったため，同じ日に何度も電話をかけたり，近い日程で家庭訪問してしまったりしていたことが明らかになった。

⑤　家庭の背景の共有

カンファレンスの雰囲気は，保護者への批判ばかりで，殺伐としていた。
SSWは，なぜ保護者と子どもが今のような状況にあるのかという背景を，も
う一度全員で丁寧に理解し直す必要があると感じた。そこでSSWは，あらた
めて引き継ぎにあったことや，教職員や関係機関がバラバラに持っていた生育
歴などの情報を集約したものを伝えた。

保護者である母は，その親から幼少期に身体的虐待とネグレクトにあい，そ
の後は祖母宅で育てられたとのことだった。祖母はしつけが厳しかったため，
母は思春期に反発して非行傾向が強かった。その後，高校在学中に年上のパー
トナーとの子どもができ，高校中退をして結婚，Fくんの出産をした。その後，
Gさんも生まれた。しかし，そのパートナーはDV傾向が強く，Fくんにも虐
待があった。母はその後，避難し，離婚した。母は精神の障害を抱え，生活保
護での暮らしがはじまった。その後，新しいパートナーは度々できたが，上手
くいかなかった。母は感情の起伏が激しく，寝込み，子どもの前でも自殺未遂
を繰り返した。子どもたちは児童相談所に一時保護されることもあったが，家
に戻ればまた同じ生活だった。Fくんが小学校高学年の頃，母の精神状態は少
し安定してきた。そのような経過の中での，引っ越しと転入であった。

⑥　保護者の声を代弁する

SSWからは，他のメンバーに対して，関係機関の見立ても伝えた。関係機
関は，母が自殺未遂などをせず，母なりに最低限の子どもの生活について努力
し，食事をつくり，ネグレクト状態になっていないことがすごいことであると
捉えていることを伝えた。また，母は服薬をしており，朝起きることが難しく，
子どもを送り出せない自分自身を責めていること，子どもが反抗して疲弊して
いること，学校からの電話がたくさんかかってきて追い詰められ，電話に出る
ことが難しい様子であることも伝えた。

カンファレンスのメンバーには，この家庭の背景を一部しか知らない方もい
たため，「過酷な環境を生き抜いてきただけで，すごいことなのかもしれない」
「お母さんの背景や子どもの傷つきがわかったので，今の様子にも納得できた」

「たしかにお母さんの側から見たら，学校が追い詰めてしまっていたのかもしれない」という声があがった。また，「お母さんの気持ちは関係機関が聴けているが，子どもの気持ちが聴けていないのはどうしたらいいのか」という声もあがった。

⑦　学校支援体制をみんなで模索する

SSWは管理職に，「学校全体では，どの課題を優先に話し合っていく必要があるのでしょうか」と聞いた。管理職は，メンバー全体の意見やこの背景からも，①FくんGさんの気持ちを誰がどのように聞いていくのか，②保護者との連絡をどのように取っていくのかという2点を，優先度の高い課題として挙げた。他のメンバーも，同意した。まず，①FくんGさんの気持ちを誰がどのように聞いていくのかについて，Fくんは教職員よりも，あまり学校の臭いはさせない立場から純粋な気持ちを聴いた方が良いのではないかという意見があがった。そのため，母とのつながりが継続できている子ども家庭支援センターに家庭訪問してもらい，そこでFくんに直接，SSWが家庭訪問してお話しできるかどうか聞いてもらうことになった。また，ぎりぎり学校とつながっているGさんに関しては，登校時に担任と養護教諭で丁寧に受け入れ，話を聴いていくことになった。②の保護者と連絡をどのように取っていくのかに関しては，子ども家庭支援センターや生活保護のケースワーカーと連携して接点を探していくことになった。今回のケースカンファレンスでは，管理職も含め，学年を超えた共通認識を持ち，学校としての方針を決め，その役割分担まですることができた。

⑧　関係機関との連携

その後，SSWや管理職から子ども家庭支援センターと生活保護のケースワーカーに連絡し，校内ケースカンファレンスで検討された内容を共有した。その後，子ども家庭支援センターと生活保護のケースワーカーが同時に家庭訪問を行ってくれた。その結果については，SSWが司会で関係機関連携のためのケースカンファレンスを開き，情報共有することになった。今回のカンファレンスのメンバーは，管理職とコーディネーター，それぞれの担任が参加して

くれることになった。

　子ども家庭支援センターと生活保護ケースワーカーの報告では，家庭訪問時，家族3人と会えたようだった。Ｆくんには，SSWが週1で家庭訪問をできるが，お話をしてみてはどうかと提案してくれた。Ｆくんは，「学校に誘わないなら，SSWとお話ししてみてもいい」とのことだった。また，Ｇさんは，「別室登校なら，週1回ちゃんと行けそう……そのときに先生とお話しする」とのことだった。母は，学校との連絡については，「最低限週1は連絡しなければとは思っているが，電話は怖いから不安」とのことだった。そこで，子ども家庭支援センターは母に，SSWが週1でＦくんのために家庭訪問するときに合わせて，手紙で学校とやりとりをするのはどうかと提案をしてくれた。母は，「それならできるかも」とのことだった。

　これらの子どもや保護者の声について，カンファレンスで共有をした後，今後の方針と役割分担を確認した。後日，SSWは子ども家庭支援センターと共に家庭訪問を行い，無事にＦくんとお話しすることができた。そのときに担任からの手紙を渡すと，母もお返事を書いてくれた。担任は，ポジティブな内容を意識して書いていたので，母も安心して読むことができたようだ。その後も，SSWは単独でも家庭訪問を継続してＦくんや母と会うことができた。Ｇさんは，週1回の別室登校をすることができ，担任や養護教諭とお話ができている。

⑨　その後の学校支援体制

　その後も，管理職・コーディネーター・SSWで相互に補い合いつつ，校内の教職員と関係機関の双方と連携を密に継続した。これらの状況は，毎回の校内支援委員会で必ず共有し，学校としてのまとまった動きになるように検討された。そこで決定した方針はしっかり各学年や担任にも役割や動きが落としこまれた。委員会のメンバーからもポジティブな意見が出やすくなり，校内支援体制が効果的に機能するようになってきた。

⑩　Ｆくんの気持ち

　その後，SSWは家庭訪問を重ね，Ｆくんとの信頼関係ができてきた。Ｆくんは少しずつ今の気持ちも話してくれるようになった。Ｆくんは，学校に行く

エネルギーが切れて，無気力であること，今は学校のことを考えたくないことを話してくれた。秋頃，Fくんは，「高校に行きたいと思っていたが，学校をずっと欠席してしまったので，きっともう難しい」と話してくれた。Fくんは，高校に行けないと思い込み，一人で悩んでいたようだ。SSWからは，今からでも出席は関係なくめざせる高校があること，SSWも進路サポートができることを伝えた。Fくんは，興味を示してくれた。

　またFくんの担任とはあまり会えていなかったが，進路に関してだったら担任にも相談してみたいという気持ちも出てきた。また，学校と家庭の関係が改善したことによって，母もFくんも生活リズムや精神状態も安定してきていた。母は進路に関して，母自身が高校を中退しているので不安があり，担任との面談の必要性を感じていた。それから，Fくんの担任も，月1回はSSWと一緒に家庭訪問を行い，SSWの同席のもと，担任とFくんと母で面談ができるようになった。SSWは，担任や関係機関と共にFくんのサポートをし，その後Fくんは無事に高校に進学することができた。

（5）事例の解説

　本事例では，当初，校内で様々な大人が一生懸命に生徒や保護者に関わっていたが，思いや方向性がバラバラであったため，逆に生徒や保護者を追い詰めてしまっていた。しかし，カンファレンスをきっかけに，当事者である生徒や保護者の声を支援方針の中心に据え直し，子どもの最善の利益につながるアプローチをしていけるような校内支援体制の構築をめざしていくことができた。ただ，これらは本当にカンファレンスの効果なのだろうか。もしかすると，カンファレンスやチームとなる以前に，大人同士も一人の人間として，日頃の雑談や活動の中で，お互いを尊重し合ったり，他者の価値観を理解し合う姿勢からつくり上げていった見えない土台となるものが隠れているかもしれない。ケースカンファレンスというテーマや事例の中では書ききれないものがたくさんあることを想像していただき，ケースカンファレンスはあくまで手段であることが伝わることを願う。

注

(1)　ブロンフェンブレンナー（1996）磯貝芳郎・福富護訳『人間発達の生態学』川島書店，p 23-28

(2)　スーザン・ケンプ，ジェームス・ウィタカー，エリザベス・トレーシー（1996）『人──環境のソーシャルワーク実践』川島書店

(3)　小松源助（1993）『ソーシャルワーク理論の歴史と展開』川島書店，p 190-193

(4)　空閑浩人（2014）『ソーシャルワークにおける『生活場モデル』の構築』ミネルヴァ書房，p 59

(5)　日本社会福祉士会ホームページ　https://www.jacsw.or.jp/csw/dataroom/kodomokatei/index.html（2021年 8 月30日閲覧）

(6)　バイステック著，尾崎新 他訳（1996）『ケースワークの原則』誠信書房，p 42-43

(7)　前掲書，p 11

(8)　木村容子/小原眞知子編著（2019）『ソーシャルワーク論』ミネルヴァ書房，p 1197-198

(9)　J. ミルナー・P. オバーン著，杉本敏夫・津田耕一監訳（2001）『ソーシャルワーク・アセスメント　利用者の理解と問題の把握』ミネルヴァ書房，p 23

(10)　蔦末憲子・小嶋省吾（2020）『医療・福祉の質が高まる生活支援記録法 F-SOAIP 多職種の実践を可視化する新しい経過記録』中央法規，p 29

(11)　公益社団法人日本社会福祉士会 子ども家庭支援委員会「スクールソーシャルワーカー実践ガイドライン」 https://www.jacsw.or.jp/08_iinkai/kodomokatei/files/ssw_guideline.pdf（2021年 8 月30日閲覧）

(12)　文部科学省（2008）「スクールソーシャルワーカー活用事業」 https://www.mext.go.jp/b_menu/shingi/chousa/shotou/046/shiryo/attach/1376332.htm（2021年 8 月30日閲覧）

第7章	地域支援と資源開発（メゾ）

1　専門機関との連携

　子どもにかかわる専門機関は，教育，福祉，医療，司法などの分野にわたり，公的な行政機関から，法人などが運営する機関まで様々である。スクールソーシャルワーカーは日頃からそれらの関係機関の役割について知識をもっておくと同時に，自分たちの専門性を知っておいてもらうことで連携がとりやすくなる。

（1）相談の概要

　教育委員会所属教育センター配置のスクールソーシャルワーカーに，自治体の母子相談担当者から電話があった。先月，市に転入してきた母子で，母子相談の窓口に来た母親の話によると，現在6年生の次男に登校渋りがあり，教室にも入れず，今は保健室登校をしているとのことである。中学進学が近いので心配しているのだが，そういうときにスクールソーシャルワーカーに関わってもらえるのかという問い合わせだった。できることがあるかもしれないので，まずは会ってお話を聞きたい旨お伝えし，数日後，母子相談担当者がその母をともなってセンターに来所した。

（2）インテーク

　少し疲れた様子の母だったが，相談員とスクールソーシャルワーカーが親しい様子であることに安心したのか，次第に表情が柔らかくなり，話し始めた。以前通っていた学校でも実は登校できておらず，自治体の教育支援室に通って

いたということであった。アパートで暮らしていたのだが，公営住宅に住めることになり，本市に引っ越してきた。母は「生活のために仕事も始めたいと考えているが，休みがちな子どもを置いて仕事に行くのは心配である。また，もう数カ月すれば中学に進学になるが，引っ越してきて間がなく，友人もいない。この様子では中学でも不登校になるのではと心配している」ということを語った。スクールソーシャルワーカーは学校での様子も知りたいと思い，母に学校と連絡をとりあってもよいか確認を取り，了承を得た。

　その後，学校に連絡を取り，小学校を訪問し，管理職，担任から学校での様子を聞き取った。学校側も転入してきたばかりでほとんど話さないこの子のことがよくわからないまま対応していることがわかり，スクールソーシャルワーカーがかかわってくれるのならありがたいということだった。

　学校では，教室に入ることを本人が拒むので，ほとんどの時間を保健室で過ごしている。養護教諭が対応できないときには校長室で校長先生と過ごすこともあるそうだ。給食のときにはクラスの児童が何人か来てくれ，一緒に保健室や校長室で給食を食べてくれている。クラスの子どもたちと話すことは少ないが，一緒に過ごしてうれしそうにしていることもある。学校では対応に苦慮しながらも，養護教諭や担任，管理職も含め，細やかに気にかけ，校内での居場所を確保しようとしてくれていることがわかった。しかし家庭とは連絡が取りにくいこともあり，学校も支援が必要な家庭のようだと感じていても，どうすればいいかわからないことに困っていた。

（3）支援の経過

① 本人への支援

　卒業まで数カ月ということもあり，小学校の卒業，中学校への入学に向けてどのように進めるのがよいか，母を含めて話し合おうということになった。しかし，母からは「自分はそのような場には負担が大きくて出られない。事情を知っている母子相談員に代わりの出席をお願いしたい。子どもに一番いいようにみんなで決めてもらえればよい」と返事があった。管理職，養護教諭，担任，

スクールカウンセラー，スクールソーシャルワーカーというメンバーに母子相談員を含め話しあった結果，小学校でのケアは今の状態を継続し，子どもの様子を見ながら教室に誘えるようであれば誘うが，無理をさせない程度に進めていくという方向で一致した。

　皆が心配しているのは目前に迫っている卒業である。引っ越しにより新しい土地での新しい小学校の生活に慣れないまま，中学への進学を迎えなければならないことであった。新しい環境になじみにくいタイプであることは容易に想像され，丁寧に進学を進めていきたい思いは皆が共通してもっていた。また，こういった話し合いの場に出られないほどの母のエネルギーのなさにもケアが必要であろうという意見の一致もみた。小学校内での支援は今まで通り学校が担い，中学入学をスムーズに始めることへの支援はスクールソーシャルワーカーが，母のケアについては母子相談員が中心となって担うことになった。

　スクールソーシャルワーカーは中学校の副校長と連絡を取った。新しい人や新しい場所になじめないということから，入学前に中学校を見ておくことが良いのではないかという話になり，春休みのうちにスクールソーシャルワーカーと母子で中学校を訪問してはどうかとの提案を副校長からいただいた。スクールソーシャルワーカーがそのことを母を通して彼に伝えると，「やってみたい」という返事が返ってきたため，小学校の卒業式がすんでから，中学の入学式の前に中学校を訪問することにした。

　小学校の卒業式では，体育館での式に列席することはできなかったが，式の後で担任やほかの教員も見守る中，校長室で証書をもらうことができた。母も本人もうれしそうにしており，皆で喜び合うことができた。

　中学校訪問の日，果たして本当に彼が来るかどうか心配があったが，母に伴われ，思ったよりも明るい表情で待ち合わせの場所にやってきた。副校長が校内を案内してくれ，初めて見る中学校を興味深そうに見ていた。副校長からは入学式前日にも来てみないかとの提案があった。彼はそれにも応じ，準備された式場を見，式の流れも聞き，担任になる予定の教諭とのさりげない出会いもできた。

　これなら入学式にも出られるかもと周囲の期待は高まってしまったが，残念ながら当日に「家から出られない」と母からの連絡が入り，入学式への出席はかなわなかった。こうして始まった中学校生活であったが，継続しての登校はやはり彼には難しかった。せめて週一回でもスクールカウンセラーとの面談はできないかと働きかけたところ，「誰にも会わないのならいってみたい」と答えたため，スクールソーシャルワーカーが同行して週に一度，面談のために登校することになった。それと並行して教育支援室の利用も進めることにした。教育支援室では，ほかの生徒と楽しそうに過ごす様子も見られるようになったが，やはり継続して通うことができない。欠席が続くようなときにスクールソーシャルワーカーが自宅を訪問すると，母が具合悪そうな様子で出てくる。母の体調と本人が出てこられない時期とは重なっているように感じられた。

　②　母への支援

　母は母子相談員を信頼しており，気分が落ち込んだり，困ったことが起こると相談をしてくる。家族は薬物依存の父から逃れて生活を始めたのだったが，母自身もその傷からケアされていないことで，体調を崩しやすいこともわかってきた。子どもたちのために就労して自立したいという思いが強く，仕事が見つかると今度こそはと頑張りすぎて，その結果，体調を崩してしまうことの繰り返しだった。母子相談員のサポートにより，一家は生活保護を受給することを決心した。母子相談員は母に精神科の受診も勧めた。以来，母子相談員と生活保護のワーカー，障害福祉課の保健師が連携して母の気持ちに寄り添いながら，母が無理しすぎないためのサポートをしている。保健師は母の受診に同行し，精神障害者保健福祉手帳の取得のサポートをした。手帳の取得により，相談支援事業所の相談支援専門員も入って就労支援を行うことになった。母は仕事への焦りも少しずつ解消，母の気持ちの安定は，家族の安定へとつながっていった。

（4）まとめ

　中学の3年間では本人が継続して登校できるようにはならなかったが，教育

支援室の利用を 3 年間継続し，担任は教育支援室との連携を取りながら高校受験への支援をした。高校は兄が通う高校の夜間定時制に進路が決まった。少しでも本人が安心して高校生活を始めることができるよう，入学式前にスクールソーシャルワーカーが母と本人に同行し高校の養護教諭との面談を行った。養護教諭は，スクールカウンセラーを紹介し，つらくなったときの避難場所が校内にもあることを本人に伝えた。

　さらに入学後，管理職，担任，養護教諭，スクールカウンセラー，スクールソーシャルワーカーで情報共有を行った。夜間定時制高校はいろいろな事情を抱えた生徒が多く登校しており，学校も配慮に慣れている様子がうかがえた。学校生活の中での避難場所を何カ所か提案してくれたり，行事の際にも参加の仕方に配慮されているようである。入学して 3 カ月がたち，欠席するときもあるが，ほぼ安定して登校できている。

　小学校から中学校，高校へと学校でのサポートがスムーズにつながるようにしたのは言うまでもないが，生活の基盤となる家庭での安定も子どもにとっては必要不可欠である。今回の事例ではそのために，生活福祉課，障害福祉課，相談支援事業所などの機関が家庭に関わった。子どもを支援する学校でのネットワークに，母を支えるネットワークが重なった。それぞれのネットワークが別々のものとならず，重層的に重なって家庭を支えるものとなるようスクールソーシャルワーカーがつなぎとなった事例であろう。

2　NPOとの協働

　地域には様々な活動を行っている団体がある。ほんの小さなグループから，NPOという形を取って，信念をもっていくつかの事業を行っている団体まで様々である。ソーシャルワーカーは公的な関係機関の役割を把握していることはもちろんだが，様々な民間の地域活動を把握していることで，地域の資源として有効に活用することできる。場合によっては，ワーカーがその団体を支援できることもあるかもしれない。

（1）相談の概要

　教育相談室配置のスクールソーシャルワーカーに保護者から相談の電話が入った。中学2年生の息子が不登校で困っている。知り合いに相談したところ，スクールソーシャルワーカーという職種があると聞き，相談の電話を入れたということだった。スクールソーシャルワーカーは会って詳しい状況をお聞きしたいと伝え，面談の約束をした。1週間後，母が相談室を訪れた。

（2）相談受付・インテーク

　母は約束の時間よりも少し早く相談室を訪れた。その話によると，子どもが学校へ行きたがらない。父親は子どものしつけに厳しく「根性がない」としかり飛ばし無理やり追い出す。本人はしかたなく学校へ行くのだが，すぐに腹痛を起こし保健室から電話があって，母が迎えに行くことになる。学校でいじめられているという様子もないし，本人もそのようなことは言わない。自分でもなぜおなかが痛くなるのかわからないといっており，おなかが痛くなるから学校に行きたくないというのが理由だという。

　スクールソーシャルワーカーは腹痛について受診したことがあるのかを話題に，生活についてもたずねていった。母から「買い物に行きたいがお金がないので」という言葉が聞かれた。その一言が気になり，さらに聞いている中で，父が職を頻繁に変えるため安定した収入がなく，経済的に厳しいということがわかってきた。仕事がないときは父が家にいて子どもを叱る。手を出すこともある。母にも「お前のしつけがなっていない，母親として失格だ」とののしるので，仕方なく母子で外に出るが学校にも行けず，家にもいられず，行き場がない。父は自分の趣味のプラモデルなどは買ってくるが，生活に必要なものをいっても十分な金額を渡してくれない。実は今住んでいるアパートの家賃も払えず，これ以上滞納するようなら出ていってほしいといわれている。父にもそれを伝えてあるが，もう少し待ってもらえというばかりである。離婚したいとも思うが，そのあとの生活がどうなるのかを考えると不安で踏み切ることができない。スクールソーシャルワーカーは学校と連絡を取ることの了解と合わせ

て，生活困窮者自立支援事業を行っているくらし・しごとサポートセンターという相談先があることも情報提供したが，母は父と話してまた連絡するといって帰っていった。

（3）支援会議・アセスメント

　スクールソーシャルワーカーは学校に行き，担任から学校での様子を聞き取った。彼は勉強はできるほうではないが，授業についていけないほどでもない。ほかの生徒も教室に顔を見せない彼のことを心配しており，いじめがあった様子も感じられない。なぜ学校に来たくないのかわからない。教材費は滞っており払えていないし，持ち物がそろわないときもある。経済的に厳しいことは担任も以前に本人から聞いているので，そのことで彼がいづらくならないように配慮はしてきた。

　担任の話と母の話から，母子が父から受けていることはDVであり虐待に当たること，経済的にも困窮していると考えられたので，校内で管理職を含めてケース会議をし，子ども家庭支援センターを含めての会議を持つこととした。

　会議では，彼の家庭環境が安心して過ごせるものではない様子であることを皆で共有した。

　まずは家庭への支援を優先して行うことで同意した。子ども家庭支援センターでは，訪問して父親と面会し，子どもに手を上げることについて注意を行うこととした。母とは継続してスクールソーシャルワーカーが面談していくこととし，必要な支援についてさらに探っていくことにした。

　またスクールソーシャルワーカーは本人とも面談し，気持ちを聞いた。学校は嫌いではないし，いじめられたこともない。なぜ行きたくならないのか自分でもわからない。学校に行くとおなかが痛くなるので，それが怖くて行けない。もともと勉強は得意でなかったのだけれど，休みが多くなったことでさらに勉強への不安も大きくなってきてしまっているとも話した。

（4）支援の経過

　スクールソーシャルワーカーはNPOが開いている無料の学習サロンが地域にあることを聞いていたので，彼の学習の助けになればと彼を誘って訪れた。週一回ではあるが活動に参加するうち，同じ学校の生徒にも出会った。顔見知りではなかったが，同じく不登校になっているその生徒と一緒に勉強するうち仲良くなり，お互いに少しずつ元気を取り戻していった。そのNPOは学習支援にあわせて子ども食堂の活動も行っていた。そちらにも参加してみてはという誘いがあり，スクールソーシャルワーカーも一緒に参加してみた。小学生も多く参加しており，彼は年下の子どもたちの遊び相手になってくれ，なつかれてしまった。小さな子どもたちが彼が来るのを待っていることがエネルギーになったのか，スクールソーシャルワーカーと一緒でなくても参加するようになっていった。NPOは地域のフードバンクとのつながりを持っており，食糧支援の活動もしていることがわかった。地域の食堂などとも連携しており，子どもたちへのお弁当による支援も行っていた。彼の学習支援だけでなく，家庭への食糧支援なども受けられるようになった。

　父は，子ども家庭支援センターの訪問を受けて厳しくしていたのはしつけのつもりだったが，もう手は上げないことを約束した。その話の中で，いつも職場の人間関係がうまくいかず仕事が長続きしないこと，そのためいらいらすることがあるということも話された。家賃を滞納しており，これだけ溜まると払える気がせず自暴自棄になってしまうことも話した。子ども家庭支援センターは就職について父への支援も必要と判断し，くらし・しごとサポートセンターに同行した。

　今，住んでいるアパートは解約することになり，これを機に夫婦は別居することを決心した。父はセンターの斡旋で寮のある職場に就職することになり，母子は子どもたちの校区を変えない範囲で今までよりも家賃の安いアパートに引っ越しをした。

　父との別居を機会に母もくらししごとサポートセンターの支援を受けて仕事を始めた。次第に母にも自信がついたようで，明るさと元気を取り戻してきて

いる。NPOの活動は，子どもだけでなく，家庭への食糧支援も行い，その支援を通じて母子を支えてくれている。

（5）まとめ

　学校の現場では「不登校」という状態に目が行きがちである。どうにかして登校させようと躍起になりがちである。不登校というのは，あくまでも現象であり，その現象だけにとらわれていてはいけない。なぜそうなっているのかに目を向けなければならない。そこに隠された理由は千差万別である。子ども本人ですらそれに気づけず，言語化できないことも考えられる。この場合，家庭における安心できない状況と，その中に母を置いて登校することへの不安があったのかもしれない。子どもの問題は1カ所に解決策を講じれば解決するものではない。何カ所にも仕掛けをし，それらが少しずつ功を奏することで，次第に改善がみられることもある。

　地域で活動するNPOは，関連する何種類かの事業を行っているものが多い。地域の実情を踏まえた上で，その課題解決に向けて活動している地域のNPOは強い味方である。この地域には公営住宅が多くあり，ここで活動しているNPOは生活困窮家庭への支援を得意とする団体であった。この家族は公営住宅に住んでいるのではなかったが，このNPOの活動につながったことで，必要な支援につながることができた。

3　地域住民との協働（模擬事例）

（1）はじめに

　地域のつながりや子どもを見守るネットワークが希薄になり，孤立した家庭が増えている現代。子どもと家庭を地域につなげていく活動は，SSWの仕事の中でも大きな意味があると思われる。そこで，この節では，どのような家庭であっても，地域で支え，共に育ち合うことをめざしていけるよう，地域住民との協働に焦点を当てていきたい。

（2）地域住民との協働

　地域住民とは，誰のことだろうか？　協働とはどのようなことだろうか？ SSWは，地域のアセスメントをするとき，地域の課題や，関係機関，支援 サービスについてだけでなく，地域に関わる多様な方々と積極的に出会ってい く必要がある。そのつながりを大切に継続し，何度も体験を共有する中で関係 性を築き，自然に協働につながっていくような土台づくりをしていく必要があ る。地域住民には，近所の方，民生・児童委員，PTA，地域や学校に関わる ボランティア，商店街や自営業の方々，自治会，社会福祉協議会に関わる方々 ……などが含まれるだろう。よく，「地域資源を活用する」などとまとめて言 われることもあるが，相手は対等な「ひと」である。そして，無償のボラン ティアであることも多いので，安易にサービスとして見てはいけない。地域に ついて深く知る先輩でもあり，いつもケアをし合い，感謝を伝え合い，共に子 どもの成長を喜べる仲間でもある。そうして，子どもや家庭の応援者となって もらえる方々を増やしていくプロセスこそ，協働というのではないだろうか。

（3）地域住民との協働が求められる背景

　核家族化が進み，地域の人間関係が希薄化し，子育ての責任の大部分が家庭 に集中している。その反面，昔は家庭や地域で教育してきたことも，学校に求 められるようになってきている。学校は全てを抱えきれるわけでもなく，そこ から排除されてしまう子どもたちがいる。さらに，専門機関が提供できるサー ビスだけでは限界があり，子どもと家族の生活全般を支えることはできない。 山下（2011）は，「多くのサービスが明確な枠組みを有するがゆえに，想定外 の新たなニーズに対応できなかったり，システムにそぐわない人々を排除して きたことを考えるならば，系統だったサービスが必ずしも利用者の最善の利益 に合致しないことが明らかである[1]」と，制度の限界を指摘する。SSWには， 今目の前で困っている人に対して，そのニーズにマッチする制度がない場合で も，柔軟な対応をしていくことが求められている。そのような前提に立ち，こ こでは地域住民との協働を通じて，子どもと家族の孤立を防ぎ，安心して地域

生活を遅れるようなネットワークの形成をめざした事例を紹介したい。

（4）地域住民との協働事例

①　お母さんのニーズからはじまるSSWのサポート

「自分で育てたい」。お母さんはケース会議で，そう言った。このケース会議は，病院において子ども家庭支援センターが主催したものだ。参加者は，子ども家庭支援センターとお母さんの他に，病院の主治医，児童相談所，学校管理職，そしてSSWであった。この家庭は，母子家庭で，お母さんには精神疾患があった。小学校3年生と1年生の兄弟がいるが，どちらも不登校である。この家庭は，子どもの身なりが不潔なだけでなく，家庭の中はゴミで溢れている。子ども家庭支援センターは，ネグレクトとして受理している。兄弟には喘息やアレルギーがあり，体調不良も続き，さらには発達の遅れや情緒面の不安定さも心配されていた。以前は，家事ヘルパーなども入っていたこともあったが，子どもたちは他人が家庭に入ることを嫌がるため，母も支援を拒否するようになった。また，不登校で，学校関係者が家に来ることも拒否している。そのため，現在は家庭が孤立した状態にあった。そこで，今回は主治医と児童相談所からお母さんに，一時保護や施設入所が提案された。それに対して，お母さんはこれからも子どもたちを自分で育てたいという意思を伝えたのだった。

　だからと言って，お母さんはこのままでは子どもたちにとって良くないということも感じていた。SSWが，「お母さん自身が，今困っていることは何かありますか」と聞くと，お母さんは掃除が苦手だと話してくれた。さらに，子どもたちが自分の物を触られたり，捨てられたりすることを嫌がって泣き叫ぶので，疲れてしまって難しいとのことだった。そこで，SSWからは，長期的には掃除のサポートをめざしていくが，まずは子どもと遊び信頼関係をつくることを中心の目標として，SSWの家庭訪問の受け入れにチャレンジしてもらえないかと伝えた。それに対して母は，「チャレンジしてみる」と言ってくれた。関係機関も，SSWが介入するということで，しばらく無理な介入はせずに見守ってくれることになった。

②　学生ボランティアのおかげで広がる関係性

　その後，SSWは無事に家庭訪問をすることができた。兄弟は，はじめは警戒していたものの，SSWが無理に変化を求めようとしない姿勢に安心したようだった。まずは家で兄弟と遊び，兄弟の気持ちに合わせて動いていた。ある日，兄弟から「公園で鬼ごっこをしたい」という希望を聞き取れた。外に出られることは，兄弟にとってすごいことであった。しかし，はじめはSSWと兄弟の3人でやっていたが，いまひとつ盛り上がりには欠けた。そこでSSWは，大学生のボランティアに入ってもらうのはどうかと聞いたところ，兄弟は賛成した。後日，大学生が4人もボランティアとして参加してくれ，集団での鬼ごっこをすることができた。その後も定期的に外遊びの会を開催していく中で，多様な遊びと多様な関係性に発展していった。兄弟は，以前はあまり表情がなかったが，安心感のある関係性の中で，怒ったり泣いたり笑ったりして，豊かな感情表出をするようになった。お母さんは，はじめは不安げに見守っていたが，子どもたちが元気になっていくのを見て，とても喜んだ。

③　主任児童委員の活躍

　子どもたちは，ある日，「家に大学生ボランティアを呼びたい。好きなおもちゃで一緒に遊びたい」と言った。SSWは，兄弟の願いを実現する前の準備として，家の大掃除を提案した。以外にも，兄弟はあっさり受け入れ，SSWと共に大掃除を少しずつ始めた。

　そんな時期，SSWは主任児童委員から，この家庭の支援に協力したいとの申し出を受けた。主任児童委員は要対協のメンバーであり，以前から状況を知って心配してくれていた。SSWも大掃除を一人でサポートすることに限界を感じていたため，前向きに受け入れる準備をした。子家，学校，そしてお母さんと子どもたちの承認を得て，主任児童委員にも協力してもらうことになった。

　主任児童委員がはじめて大掃除に参加してくれた日，主任児童委員はお母さんや子どもたちとあっという間に仲良くなった。そして，主婦の力であっという間に部屋をピカピカにした。主任児童委員は，「掃除すると楽しい！　スト

レス発散になるからいつでも呼んで！」と，掃除を盛り上げてくれた。お母さんも，主任児童委員に，信頼を寄せた。また，関係を積み重ねていく中で，主任児童委員は子どもたちがわがままを言っても，対等な人間としてしっかり反論することもあり，さりげなくお母さんにとっての子育てやしつけ方のモデルにもなった。そして，家の中の衛生面も，以前より安心安全に変わった。子どもたちは「わー！　綺麗だー！」と，家の中を走り回って喜んだ。その後，無事に大学生ボランティアを家に呼んで遊ぶことができた。

④　地域の見守りネットワーク

SSWや主任児童委員が，兄弟と一緒に散歩したり，公園で遊んだり，コンビニに行ったりするなど，地域を共に歩き回ることによって，地域に住む様々な方々が子どもに話しかけたり，認識してくれるようになった。SSWが学校で偶然会った地域ボランティアの方には，「この前，兄の方が一人でコンビニにいたよ」などの情報をもらえることも増えてきた。また様々な情報が主任児童委員のところにも集まってきて，SSWの耳にも入るようになった。

⑤　子どものストレングスを活かして地域活動に参加

兄弟は，SSWや主任児童委員と共に，家でたこ焼きパーティーなどをし，買い出しから料理に挑戦するなどの生活体験も増えていく中で，手先の器用さを発揮していった。それを褒めていると，「もっといろんな料理をつくってみたい！」という希望が出てきた。そこで，SSWは主任児童委員に，近所の子ども食堂で調理のお手伝いをすることができるのかと相談した。しかし，そこは大衆食堂のような形式で，子どもが調理をする前例はないことがわかった。そこで，主任児童委員がSSWに子ども食堂の代表を紹介してくれ，SSWが代表に相談したところ，子どもたちが調理から参加できるように調整してくれることになった。

当日，子ども食堂にお母さんと兄弟を連れて行くと，癖の強い家族なので，地域のボランティアの方々からは驚かれた。しかし，代表と主任児童委員がボランティア側に理解を促し，ケアをしてくれたおかげで，何とか継続して通うことができた。お母さんは，子どもの調理のし方を見ていると，「このやり方

だと危ない」などと，すぐに口を出してしまい，子どもがかんしゃくを起こして暴れてしまうこともあった。そんなときには，みんなでお母さんに，「家族以外の大人と関わるのも子どもたちの成長につながるので，お母さんは安心してくつろいで見守っていてください！」と伝え，母も客観的に落ち着いて子どもたちを見守れるようになった。子どもたちは調理に関していろんなことができるようになり，いろんな大人たちから褒めてもらえ，とても自信につながったようだった。お母さんは，「こんなこともできる力があったのか……」と感動していた。お母さん自身も，子ども食堂のボランティアの方々に，子育ての悩みを相談したり，愚痴を吐けるようになった。子育てをお母さんだけで抱え込まなくてもいい，子どもは地域のみんなで育てていけばいいということが伝わったようだった。

（5）事例の解説

　"It takes a village to raise a child.（一人の子どもを育てるには，ひとつの村が必要だ）"これは，アフリカのことわざにあるのだという。はじめて聞いたとき，自分の中で不思議な納得感があった。SSWとして地域で活動しているとき，ふとこの言葉を思い出す。子どもの悩みを一人で一生懸命に解決しようとしているお母さんの姿を見るたび，「悩むのは当たり前だよ。だって子どもを育てるには，ひとつの村が必要なくらい大変なことなんだから！」，「周りの人に頼るのは，当然の権利だよ。頼れる人たちを，一緒に見つけていこう！」と声をかけている。今後もどのような家庭であっても，地域で支え，共に育ち合うことを目指していけるように，協働していきたい。

4　資源開発

　地域には様々な資源があり，公的なサービス以外に人々を支える民間の地域活動が多くある。それぞれがどんな活動であるか知っておくことは，紹介する上で大切なことではあるが，さらにその活動を支えている人物がどういう人物

であるかを知っておくことで，同じ活動を多面的に活用することもできる。

（1）相談の概要

　ある日の放課後，職員室でスクールカウンセラーとスクールソーシャルワーカーが話しているところに，ある学級担任が話しかけてきた。クラスの子どものことで保護者への対応に苦慮しているということだった。

　小学1年生の女児。落ち着きがなく，じっと座っていられない。窓の外が気になり集中できないので，廊下側に席を工夫したが，今度はふらっと廊下に出てしまう。真ん中あたりの席にすると隣の子どもの持ち物に手を出したりしてトラブルになってしまう。以前スクールカウンセラーにも授業での様子を見てもらい，発達の課題が疑われるため，特別支援教室の利用を勧めてはということになったのだが，母が拒否的である。担任は面談の際に学校生活の状況を丁寧に説明したこともある。そのときは理解を示し，特別支援教室の利用に賛成した様子だった。しかし，数日後，断りの電話が入った。本人が別の教室に行くのは嫌だと言っているからという理由である。担任は若くて熱心な教員であり，クラスの中で自分一人ではその子に十分に目が行き届かない，特別支援教室を利用することはその子のためになると考えていた。担任は保護者の理解を得るため，学校での様子を丁寧に伝えようと思い，毎日のように母に電話をしている。初めは丁寧に受け答えてくれていた母親だったが，次第に電話に出ることが少なくなり，最近はなかなかつながらない。仕事中で電話を取れないという理由なのだが，仕事の後でもいいのでとメッセージを残しておいても折り返しがない。祖父母と同居しているはずなので，祖父母から母に伝えてもらおうと自宅の電話にかけるが，母は「祖父母に負担をかけるから自宅に電話はかけないでほしい」と携帯の番号を指定するので，そちらにかけるのだがつながらない。

（2）インテーク

①　初回

　スクールソーシャルワーカーはスクールカウンセラーと一緒に校内巡回の折に教室の様子を見に行った。対象の児童は授業に興味がないわけではないが，集中が続かない様子だった。音楽の授業は苦手なようで，教室を出ようとして担任ともみ合う場面もあった。隣の子どもが嫌がっている様子も気にかけず，話しかけたりしている。スクールカウンセラーの見立てでは発達に課題があることが懸念された。

　担任と母の関係が崩れた原因を探りたいと，スクールソーシャルワーカーは担任と母の学期末の面談の場に同席させてもらうこととなった。面談の初めに担任から，スクールソーシャルワーカーが同席することの了承を得ようとしたが，母はよそよそしく「ええ，どうぞ」と答えただけだった。

　担任からの事前の情報によると，離婚したため母の実家に母子で祖父母と同居している。母は仕事をしているため，放課後や昼間は祖母が児の面倒をみてくれている。面談における母の話では，好奇心旺盛で元気な子どもではあるが，家では対応に困ることはないということだった。学校で落ち着かないということであれば，学校での対応に問題があるのではないかと祖父母も言っており，学校でどうにかしてもらいたいという話であった。終始，なじまない様子での面談となってしまった。

　その面談の後，学校の玄関まで母を送りながら，スクールソーシャルワーカーはその小学校が母の出身校でもあることを聞き，地域のお祭りを話題にしてみた。少し打ち解けた様子を見せた母に，次は二人で話してみませんかと誘いかけてみた。その誘いに母は答えてくれ，仕事で忙しいながらも平日に一日ある休みの日には，面談に来てくれるようになった。数回面談を重ねるうち，母の困りも話されるようになってきた。

②　母の困り

　この小学校のある地域は歴史のある地域で，実家も古い家系である。家長である祖父は自治会の役員をするなど，地域の有力者でもある。母も厳しく育て

られた。学校から連絡があると「担任の対応が悪い」「お前の育て方が悪い」
「父親がろくでもないから，血が良くないのだろう」などと責められるので，
祖父母には娘の学校でのことを聞かれたくないし，相談もできない。結婚には
あまり賛成されなかった上に離婚をして戻っており，仕事に行く間，両親に見
ていてもらわなければならないし，自分の両親には逆らえない。娘のことは母
自身もほかの子とはちょっと違うようだと思うものの，祖父母ともに，それは
個性の範疇であり，学校教育で責任を取るべきことがらだというので言い返せ
ない。離婚をしているので，そういったことが影響しているのかもしれないと
自分を責めてしまう。

　そのような話から，祖父母が地域での世間体を気にしているのかもしれない
ということ，母が離婚による傷も癒えないままに子どもの心配についても誰に
も相談できず孤立している様子がうかがえた。

（3）支援の経過

　管理職を含めて担任とスクールカウンセラー，スクールソーシャルワーカー
で校内支援会議を開くことにした。家庭の状況や本人の特性などを共有し，学
校でできることなどを話し合った。皆で担任の熱心な働きかけをねぎらい，そ
の上で子どものためにと熱心なあまり保護者に負担をかけてしまっているかも
しれないことを共有し，今は特別支援教室の利用を急ぐのではなく，まずは校
内で対応できるところから始めることとした。

- 苦手としている音楽の授業を，本人が希望すれば別室で過ごせるようにす
  る。
- 支援員についてもらい，個別の対応を図る。
- 本人が集中しやすい配慮のしかたについて，特別支援教育担当の教員から
  助言を得る。

などである。

　母が孤立していることが懸念されたので，保護者への対応としてはスクール
ソーシャルワーカーが継続して面談をしていった。

　市内には保護者たちで運営されている子どもサロンがある。学習だけでなく余暇の活動も行っており，友人関係を広げることができるかもとそのサロンへの参加を勧めてみた。サロンがあるのは校区外ではあったが，それがかえって参加しやすい要素となったのか，母子で参加するようになっていった。サロンに参加している子どもの中には発達に課題のある子どもも何人か参加していた。なぜ，うちの子ばかりが問題を起こすのかと子育てに自信をなくしていた母だったが，同じようなタイプの子どもたちと，同じような悩みを持つ保護者と話すことができて，次第に母自身にいわゆるママ友ができていった。なかでもその会の運営者は発達障害のある子どもを持つ母親だったこともあり，母の子育ての悩みを受け止めてくれた。活動に参加するうち，そのサロンは母自身の居場所ともなっていったのである。子どもに特性があり，子ども自身も本当は困っているのだと気づき，どうすれば子どもが過ごしやすくなるのかを考えられるようになっていった。

　元来，活発で世話好きであった母は，次第に会の運営の中心的なメンバーとして参加するようになっていった。発達障害についても学ぶようになり，子どもも医療機関を受診し，検査を取ることになった。それ以降，主治医からの助言により，学校も子どもの特性に合わせた指導方法や教室環境など，工夫することができている。子どもも次第に落ち着いて学習に取り組めるようになってきている。学校の対応を責めていた祖父母も次第に特別支援教室への理解が進みつつあるようである。

（4）まとめ

　学校では校内での子どもの様子からの最善策を考える傾向にある。発達障害を疑われる子どもには，その特性に合った教育の場に子どもを置くことが最優先されて考えられるものである。それを受け入れられない保護者に対して「子どもを理解できていない」「障害を受容できない親である」など批判的になりがちであるが，その背景にも目を向ける必要がある。家庭の状況により，それを強く進めていくことが家庭の安定をなくしてしまう場合，どう進めていくか

には工夫が求められる。

　このケースの場合，祖父母は地域の有力者であり，世間体を大切にする文化の中にある家族である。「子どもの教育を補償すべき」とだけ叫んでいても，学校と家庭の安定を欠くだけではなく，家庭内での安定をも欠いてしまう恐れが出てくる。祖父母にとっては，孫に障害があるなど受け入れられないということも理解しつつ，どううまく進めていくのか工夫が求められるところである。

　本来なら児の特性に応じた特別支援教育を受けられる環境であることが望ましいものである。しかし，総合的に考えた結果，特別支援教室の利用を強く進めるよりは学校でできることをしながら，母の孤立をなくし，両親からの自立を促していくことで，家庭が安定することを優先した。その結果，母は両親に対して自身の子どもの教育について自分の考えとして特別支援教室の利用を伝えることができ，両親もそれに理解を示し始めている。母がグループの中でも中心的メンバーとして活動するようになり，地域でも頼られる存在となっていったことで，両親も認めた面もあるかもしれない。

　本来は子どものための居場所であり，子どもの学習のためのサロン活動であったが，母にとっても居場所となり，自信を取り戻すための活動となった。母の居場所としては本来の目的ではないが，スクールソーシャルワーカーがその学習サロンの運営をしている保護者も同じような悩みを乗り越えてきた当事者であることを知っており，母のエンパワメントのために知り合いになることがきっと役に立つと感じていた。今では母自身が地域の保護者支援のための大切な地域資源となっている。

注
(1)　山下英三郎（2011）「スクールソーシャルワークと"コミュニティ"ソーシャルワーク」『コミュニティソーシャルワーク』8号，p 16-25

<table>
<tr><td>第8章</td><td>子どもの権利擁護（ミクロ）</td></tr>
</table>

1　子どもの貧困問題

　イギリスの貧困研究の第一人者である R. リスターは，ライフコースの考え方を踏まえて，「貧困が経験されるのは，特にライフコースの初めと終わりの時期である[(1)]」と子ども期と老年期の貧困リスクについて言及している。また，「子どもは世帯に追加的なコストをもたらす。また同時にこの時期は，多くの国で労働市場での母親の活動が減るために，親の収入が下がってしまう[(2)]」と，子どもが貧困に陥るリスクの背景について説明している。北欧各国では，この子ども期の貧困リスクを解消するため予算を多く費やしているが，一方でアメリカや日本では十分な予算が費やされず，子どもの貧困率が全体の貧困率を上回る状況である。国によって大きく政策が異なる状況について，R. リスターは，「貧困について子どもを中心とした視点を求める声，すなわち子ども期全体に対して貧困がどういう意味を持つかについて十分な力点を置きながら，子どもを自らの生活の行為主体として扱うことを求める声は，増え続けている。貧困を『子どもの目を通して』見ることで『膨らみのある，有益な像が得られる』からである[(3)]」と，子ども自身が主体として貧困状況を主観的にいかに捉えているのかを焦点として，政策の充分を図ることの必要性を説いている。

　イギリスの子どもの貧困研究の先駆けである T. リッジは，子どもの貧困を量的調査によってのみ捉えることの限界を指摘した上で，貧困経験をしている子どもたちへ聞き取り調査を行った。その結果として，「子どもの貧困への取り組みの対象として学校に注目してきたころは正しかった。しかし，そうした政策は，主に読み書き能力の向上や，学校からの排除，無断欠席をめぐる対策

に偏っていた。もちろん，それは重要な領域ではあるが，本研究によって示されたのは，学校生活の社会的側面が，子どもたちにとってはとくに重要だという事実である。子どもたちにより不安の震源とみなされてきた領域がいくつかあり，その一部に対しては直接的な取り組みが求められている[4]」と指摘している。そのいくつかとは，制服，遠足等の学校行事，給食などであり，これらを無償化しないと学校における人間関係から子どもが阻害される恐れが高いとしている。学校が学齢期の子どもの人間関係において決定的な重みを有していることを考えると，経済的要因による学校内の人間関係（友人関係）からの阻害は，子どもの社会的関係の形成に重要なリスクを生じさせるのである。

　では，我が国のスクールソーシャルワーカーは，子どもの貧困をどのように捉えているのだろうか。内田はスクールソーシャルワーカーへの聞き取りを整理して，「背景要因として，ひとり親家庭・外国籍・親の精神疾患が見えており，その中での貧困は，『社会的孤立』状況として，したがって，『関係性希薄』な状態像であり，結果的に『生活体験が乏しい』子どもとして目に写っています[5]」と，見えない貧困といわれる中にあって，「孤立」という状態として捉えられていることを指摘した。つまり，スクールソーシャルワーカーは，子どもの貧困に対する専門性を高めれば，その実態を目の当たりにすることができるのである。その専門性とは，先の聞き取り調査の中で，クライエント中心アプローチつまりは，子ども中心アプローチであり，端的に言えば子どもを主体として尊重して子どもの声に耳を傾けるということである。

　学校において金銭の出納に当たる学校事務職員とスクールソーシャルワーカーの協働は，子どもの貧困状況の早期発見において極めて重要である。学校事務職員の竹山によると，「学校の事務室はたくさんの情報の交差点でもあります。情報公開，開示，提供も求められております。学校予算，決算のこと，就学援助のこと，人・金・物にかかわる学校情報を広く，学校内外にわかりやすく提供する役割を担う位置にいます[6]」ということである。特に，給食費や各種学校納付金の滞納や，就学援助制度の利用についての情報共有をこまめにすることが大切である。

2　スクールソーシャルワーク実践の展開例

（1）相談受付

　A中学校に週2日間配属されているスクールソーシャルワーカー（以下，SSW）に対して副校長より以下のような相談が入り，相談を担当することになった。

　「1年生の男子B君は1学期の中途に転校してきた生徒であるが，当初から遅刻が多く，忘れ物が多かった。次第に欠席がちになり，夏休み明けからは不登校状態になっている。担任が家庭に電話してもなかなか連絡がつかない状況で心配している」。

　学校事務職員に確認したところ，給食費は1回も収められていないが，就学援助の申請はしていないとのことであった。

（2）家庭訪問，アセスメント

　電話を何回かかけたが留守番電話であり，返信もなかった。そのため関係機関から情報を取得しようと市子ども家庭支援センターに問合せしたが，相談歴はないということであった。市子ども家庭福祉課に問い合わせると，児童扶養手当（ひとり親家庭の手当）を受給しているとのことであったが，それ以外の情報はなかった。

　やっと電話で連絡がつきようやく家庭訪問の約束が取れた。訪問したところ母親とB君の二人で出迎えてくれたので，三人で面談をした。母親は顔色が悪く体調がすぐれないようであり，はじめは口も重かった。体調のことが心配であることを伝えながら，色々とご苦労がありそうなことが推察されるので相談していただきたいことを伝え，傾聴に努めたところ母親から以下の内容が語られた。

　「夫とは，家庭内暴力が原因で離婚しています。就いていた仕事の状況が悪くなり，リストラされお酒を飲むと手が付けられないぐらい暴れました。もう

2度と関わりたくないという思いから，養育費の話し合いもろくにできません
でした。

　離婚後にこのアパートに引っ越してきましたが，日中の正規採用の機会を得
ることができず，やむを得ずに夜間にスナックでアルバイトをして必死に家計
を支えていますが，経済的にとても厳しい現状にあります。私の生活時間に合
わせてしまっているため，Ｂも夜型の生活になってしまい朝起きることができ
ません。それでだんだん学校に足が向かなくなってしまっています。家にいる
ときはよく手伝いをしてくれて，買い物も炊事もしてくれます。

　このところは夜の仕事で疲労がたまった上，Ｂの不登校に悩み，精神的に不
安定になってきてしまい，現在は仕事に出ることができない日が多くなってき
ています。母子二人で家に引きこもっている日も少なくなく，このままでは
日々の食費にもことを欠く状態になってしまいます」。

　Ｂ君は，「学校には行かなきゃいけないと思うが，転校してきたので友達も
いないし，結構休んでしまったので行きづらくなってしまった。いきなり教室
に入るのは勇気がいるので，無理かもしれない。でも，友達は欲しい」。

　このような不登校相談で受け付けたが家庭訪問を通して，厳しい現実にさら
されているのがわかってくる家庭は多くなってきている。スクールソーシャル
ワークの目的は，「子どもの権利を擁護し，子どもが自分らしく生きていくこ
とを支援する」ことにあり，現実にはぎりぎりの生活をする権利（生存権）さ
え脅かされている子どもが数多くいることにSSWは一家庭の問題を超えた現
代社会の大きな問題であると感じている。

（3）校内支援会議，地域支援会議

　学校内支援会議を開き，副校長，特別教育支援コーディネーター，担任，養
護教諭とSSWで，Ｂ君及び家庭の状況の共有を図り，支援の方向性を確認し
た。
・家庭の経済的支援のために地域支援会議を開催し，SSWが出席する
・Ｂ君の希望を踏まえ，別室登校あるいは適応指導教室通級を検討する

- B君の地域での人間関係を広めるために子ども食堂への参加を勧める

　地域支援会議には，市福祉事務所，市子ども家庭支援センター，市社会福祉協議会生活困窮者自立支援担当とSSWで，B君及び家庭の状況の共有を図り，支援の方向性を確認した。

- 母親の就労については，市社会福祉協議会生活困窮者自立支援担当者が相談窓口となり就労に向けての支援を検討する。
- 母親の体調については，市子ども家庭支援センターの保健師が相談対応する。
- 家庭の経済状況によっては，市福祉事務所が生活保護の検討をし，公営住宅への転居も考慮に入れる。
- SSWは定期的に家庭訪問をしつつ，B君と家事を通して信頼関係を形成する。特に「新しいメニューを母親に食べさせて喜ばせたい」という希望を尊重し，料理を一緒に作ることを大切にする。
- SSWは，B君の地域における人間関係を広げ，得意な料理の腕前を披露するために，子ども食堂に参加できるように，主催のNPOと調整を図り，一緒に参加する。

（4）SSWによる貧困家庭の子ども支援モデル

　このケースにおけるSSWの支援のイメージを示すと図8-1のようになる。SSWは，学校と地域の社会資源の接点に立ち位置をとる。そして，家庭に対するアウトリーチ（家庭訪問）とともに，地域の居場所に対するアウトリーチ（協働）も行う。この両方向のアウトリーチがあって初めて，子どもと家庭が社会資源である地域の居場所とのつながりを形成することが可能となる。これを，SSWの居場所支援という。この居場所支援により，学校も地域の社会資源との設定を大きく拡大していくことが可能となる。もう一方で，地域における社会資源も拡大していくことにつながっていく。

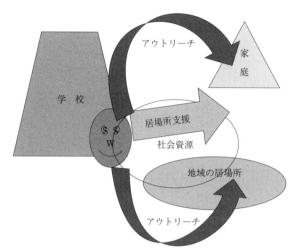

図8-1　SSWによる貧困家庭の子ども支援モデル

3　不登校

（1）はじめに

　SSWは，不登校の相談を受けることが非常に多い。実際の統計調査でも，SSWが継続対応しているケースの中では，「家庭環境の問題」に次いで「不登校の対応」が多い結果となっている。特に不登校に関しては学校からではアプローチしづらい状況にあることも多いため，学校とは違った立場で関わることのできる立場として，または本人若しくは家庭と学校との橋渡し役としてSSWのアプローチが期待されることが多い。このため，SSWが業務に当たる際に不登校児童，または不登校生徒への理解を深めておくことは重要なことである。

（2）不登校とは

　不登校とは「何らかの心理的・情緒的・身体的あるいは社会的要因・背景により登校しない，あるいは登校したくてもできない状況にあるために年間30日

以上欠席した者のうち，病気や経済的な理由を除いたもの⁽⁷⁾」と文部科学省の調査では定義されている。この定義を見ると，不登校という定義自体がかなり広い概念で捉えられており，実際の不登校状態の子どもたちの状態は多岐に渡っているため，それぞれの状況に応じた支援が必要となる。

　不登校児童・生徒の数で見ると，近年は概ね横ばい状態が続いていたが，ここ2～3年で急増している。平成27年度には公立小中学校で約12万人ほどだった不登校児童・生徒数が令和元年度には約18万人という数値になっている。割合で言うと現在公立小中学校だけでもおよそ2％の児童生徒が不登校の状態になっている。

（3）不登校の社会的背景と課題

　学校現場では不登校については深刻な問題と受け取られることが多く，スクールソーシャルワーカーに依頼される内容の多くが不登校に関係していることが多い。最初にも触れた通り，SSWが対応しているケースは「不登校の対応」が「家庭環境の問題」の次に多くなっている。これは特に不登校や家庭環境の問題に関しては，教職員の多忙化によって学校だけでは対応することが難しく，学校としても外部機関との連携を必要とすることが多いからだと考えられる。

　しかし，不登校の子どもの支援を行うときに誤解されやすいこととして，不登校状態の解消（再登校）だけを支援の目的としてしまうことが挙げられる。不登校という状態そのものは，その子どもが選択した，あるいは現在の状況から身を守るために起こした行動の結果に過ぎず，その背景にある要因を理解せずに学校に戻していくことを支援に目標に据えることは，かえって子どもを危険な状況に陥らせてしまう可能性もある。不登校という状態そのものを問題として捉えるのではなく，不登校の状況にあるその子どもや家庭が今現在どのような事に困っているのか，学校での関係性はどのような状況になっているのかを踏まえた上での支援を検討していく必要がある。

　今回は一つの模擬事例を通して，不登校の支援のあり方について述べていく。

（4）不登校模擬事例

　5月中旬ごろ，A中学校の校長から教育委員会配置型のBSSWはCという不登校生徒についての支援の依頼を受けた。Cは中学2年生の男子生徒で，中学1年生の3学期頃に一度不登校になっていたということだった。そのときは担任の家庭訪問にも応じ，やり取りができていたのでD担任が対応する形で収めており，2年生の1学期初めは登校してきたこともあって様子を見ていた。しかし，5月の連休明けから再度不登校状態になり，家庭訪問にも応じなくなってしまったので，BSSWに関わってもらいたいと依頼をしたということだった。D担任からも聞き取りを行うと，学校に来ているときは大人しくて勉強もよくできるタイプだったので，学校を休んだ原因が全くわからないということだった。昨年度に家庭訪問していたときも，Cに聞いても「なぜ学校に行けないかわからない」と答えていたそうで，学期の変わり目を機に登校できるようになったのでそこまで気にしていなかったということだった。BSSWがこの生徒に関わることを学校内支援会議でも確認し，D担任と一緒に学校でC母親と面接をすることができた。C母親からはCが部屋に閉じこもってしまってほとんど話すことができていないこと，日中はスマートフォンでゲームをするか海外ドラマを見続けているかでほとんどの時間を過ごしていることを聞き取った。また，C父親は子どもへの関わりが薄いこと，C母親がCに対して学校に関することについて声をかけ続けているが，ほとんど無視されていることがわかった。

　C母親との面接では，まずは家庭訪問をさせてもらい，もしCと会うことができたら学校に関する話ではなく，Cの興味関心のあることから話をして関係性を築いていきたいこと，もし会いたがっていない場合は無理をして会わせるのではなく，手紙を置かせてもらって反応を見てもらうことを約束してもらった。再度，学校内支援会議を開き，このBSSWの支援内容を確認し，家庭訪問での様子は随時学校と情報共有することとした。

　初めの家庭訪問ではCとは会うことはできず，C母親と玄関先で話をすることになった。そこではC母親の気持ちに共感しつつ，C母親の子育てに関する

苦労を労いながら話を聞くことにした。すると，Ｃ父親がＣに関して「良い高校，良い大学に入ることを目標にしろ」と考えており，Ｃ母親からＣに勉強するように言え，と父親が母にプレッシャーをかけていたことがわかった。Ｃ母親は勉強は大事だと思いつつも，Ｃの今の状態ではそれどころではないのではないかとも思い，板挟みになっている状況をうかがうことができた。

　BSSWはＣ宛の手紙をＣ母親に託し，手紙の内容には学校や勉強のことではなく，Ｃが普段見ているドラマやゲームの話，BSSWの人となりがわかるような内容を記載した。

　すると，３回目の訪問の際にＣと直接会って話をすることができた。BSSWはまずはＣが安心して話ができるような関係性を構築することを心がけ，Ｃが話しやすい話題や，日常の話題について話をすることを続けた。

　そのように家庭訪問を継続する中で，Ｃから学校に行けなくなった理由が少しずつ語られるようになった。両親からかけられるプレッシャーに応えるために勉強を頑張っていたが，中学になって勉強が難しくなってテストの点が下がったことを厳しく叱責されたこと，本当は自分は保育に関わる仕事がしたかったのに，以前そのことを両親に少しだけ話したところ反対され，それ以降自分の意見を誰にも言えなくなってしまっていたことが語られた。両親からの期待から逃れるために学校に行かなくなり，部屋で過ごす毎日が続いている，とうつむきがちにＣは語っていた。BSSWはＣから承諾を得て，この内容をＤ担任とＣ母親に情報共有した。Ｃ母親は涙を流しながら本人へのこれまでの関わりについて後悔したが，Ｃ父親のスタンスはこのことを伝えても変わらないだろう，と諦めている様子だった。Ｃ父親との面談を設定することも難しいということだったので，BSSWは自分が繋がりのある不登校の親の会をＣ母親に紹介した。Ｃ母親は不登校の親の会で同じような悩みを持つ保護者と出会い，励まされたことでＣ父親に対しても「今は本人の意思を尊重することが大事」と意見を言えるようになった。また，BSSWは社会福祉協議会やNPOのボランティア団体と情報交換し，保育園でのボランティア活動でＣが参加できそうなものをいくつか収集した。この詳細をＣに伝え，もしやりたい気持ちがあるな

ら一緒に行くこともできると伝えた。すると，Cから「やってみたい」という返答が返ってきた。Cに同行する形でボランティア先に赴き，一緒にボランティア活動に参加すると，Cの表情が見たこともないように明るく輝いていた。Cは今後もボランティア活動に参加することを希望し，継続して活動するようになった。

（5）事例解説

　本事例では，不登校状態になっていたCとその家庭に対してBSSWが家庭訪問を通して働きかけを行った。今回のBSSWの働きかけのポイントとして挙げられるのは，Cに対して無理に会おうとせず，会えたときにも本人の興味のある話しやすい話題から関係性をつくっていったことにある。不登校状態の解決を急ぎ過ぎてしまうと，どうしても支援者側のペースばかりが先走り過ぎて本人が置いていかれがちである。特に，不登校ケースの場合は支援当初は本人が支援の希望していないことも多いので，まずは「話を聞いてもらえる」と思ってもらえるための信頼関係の形成が重要である。

　また，BSSWが本人に提案した支援は直接学校に繋がるものではなく，本人の関心が強い保育関係のボランティアであった。学校は児童生徒を支援するうえで大きな地域資源となりうるが，本人のニーズに沿った支援をするためには学校の中だけに留まらず，地域資源を広く活用した支援が必要になる場合がある。特に不登校事例の場合，児童生徒本人が学校に対して拒否感を強く感じていることや，学校での活動に強い心的負担を感じている場合が多い。SSWは学校内だけでなく，広く地域の資源を把握して，子ども自身の自己肯定感が育まれるような場所に自らが積極的に足を運んでいくことが求められるだろう。

4　虐待・社会的養護とスクールソーシャルワーク

（1）児童虐待と社会的養護に関する用語の定義，現状の統計

　児童虐待防止等に関する法律（以下，児童虐待防止法）第一条によれば，「児

童虐待は児童の人権を著しく侵害し，その心身の成長及び人格の形成に重大な影響を与える行為」である。また児童虐待は，第二条より，身体的虐待，性的虐待，ネグレクト，心理的虐待の4つに分類される。そして，第三条より「いかなる人であっても，児童に対して虐待をしてはならない」とされている。児童相談所における児童虐待相談対応件数は，令和元年度は19万3,780件であり，毎年増加傾向にある。令和元年度の増加要因は，面前DVを対応した警察からの通告が増加したことである。また，被虐待児童の年齢別対応件数で最も多い[8]のは，小学生（34％）であるが，増減率は，16歳から18歳（26.1％）が最も多い。[9]

　次に，「社会的養護」とは，要保護児童を，公的責任で社会的に養育し保護するとともに，養育に大きな困難を抱える家庭への支援を行うことをいう。現在，児童福祉法第三条の2において，家庭養育優先の原則が掲げられ，里親委託等の推進が図られている。厚生労働省の統計を見ると，児童の措置理由は，虐待（放任・怠惰，虐待・酷使，棄児，養育拒否）が最も多く，全体の約45％を占める。[10]

（2）児童虐待や社会的養護を取り巻く社会的な背景，課題

　児童虐待の発生や社会的養護の利用の増加には，社会全体で考えるべき問題も潜んでいる。例えば，近年社会問題化している「子どもの貧困」も，経済的困難だけでなく，保護者や家庭が，周囲や地域に悩みを打ち明けられずに苦しむ「孤立化」等により，問題が早期発見できず，児童虐待の発生や社会的養護の利用等に繋がる可能性があると考えられる。

（3）虐待に対する支援

①　相談受付

　A中学校に週3日間配属されているSSWに対して，副校長より以下の相談が入った。

　「3年生のAさんは不登校である。担任が家庭訪問してもこの1カ月誰も出てこない。警察から夜中に補導（少年活動規則第十四条において，不良行為少年を

発見したとき，当該不良行為についての注意，その後の非行を防止するための助言又は指導を行うこと）されたとの連絡が数回あった。母親によれば，本人は学校が嫌いなので登校したくないとのことである」という内容だった。

② **家庭訪問，アセスメント**

学校の個人調査票より，母親，Ａさん，4歳の妹の3人暮らしであることがわかった。Ａさんの母親へ何度か電話をかけたが連絡がつかなかった。そのため，要保護児童対策地域協議会（以下，要対協）事務局である市子ども家庭課に問合せた（要対協を構成する関係機関は要保護児童等に関する情報や支援体制について共有，連携することができる。守秘義務が課せられるため，要対協を構成する関係機関は，正当な理由なく，地域協議会の職務に関して知り得た秘密を漏らしてはならない）ところ，相談歴はないこと，児童扶養手当と児童手当が支給されていること，妹が保育所に入っていないことがわかった。

その後担任とSSWで家庭訪問を実施したが，チャイムを鳴らしても誰も出てこなかったため，訪問したことと連絡を取りたい旨を書いた手紙をポストに入れて帰った。

③ **校内支援会議と地域支援会議**

学校内支援会議を開き，副校長，特別支援コーディネーター，学年主任，担任，養護教諭とSSWで，Ａさん及び家庭の状況の共有を図った。また，校長から市子ども家庭課への虐待通告もあわせて行った。後日地域支援会議を実施し，市子ども家庭課，児童相談所，市家庭児童相談室，市保健センター，SSWが参加し，Ａさんと家族全体の情報共有を図り，今後の支援についての話し合いが行われた。

④ **その後の対応**

翌日，担任とSSWが家庭訪問を行ったところ，家の中から妹の泣き声が聞こえたが，母親からの応答はなく，ドアの鍵がかかっていた。そのため，その場で校長へ連絡を入れ，校長から児童相談所と警察へ通告し，警察が到着した。そこに，Ａさんが帰宅したため状況を確認したところ，「母は毎日早朝から男性と出かけるようになり，夜中まで私が妹の面倒を見ている。以前から私だけ

食事の用意をしてもらえないため，夜に駅前に集まる友人から，パンなどをもらっている。妹は手づかみでご飯を食べるし，言葉もわからないので，妹のしつけができていないと長時間母に怒られる。家にいるのが辛い」とのことだった。

　児童相談所はＡさんと妹を児童福祉法第33条より一時保護した。翌日，児童相談所と母が面接を行ったところ，母からも児童虐待にあたる内容が語られた。その後，Ａさんは児童相談所の職員と何度か面接し「自宅に戻りたくないが，今のＡ中学校で学校生活をやり直したい」と希望した。そのため，児童相談所より母へＡさんの希望を伝え，里親委託について説明したところ，母が里親委託に同意した。その後援助方針会議等を経て，Ａさんは里親のもとで生活しながら，引き続きＡ中学校へ通うことになり，妹は自宅に戻ることとなった。SSWはＡさんにスクールカウンセラーを案内し，心のケアを行った。定期的に児童相談所や里親，学校の教職員等で情報共有の機会を設け，母親への連絡（Ａさんの学校生活の様子の報告等）は，担任に依頼した。Ａさんは高校への進学を強く希望し，将来はパン職人になりたいとのことだった。そのため，地域の学習支援教室を紹介し，連携を図るとともに，子ども食堂を案内し，そこのスタッフから定期的にパンやおかずの作り方を教えてもらった。

　妹については，子ども家庭課から児童発達支援センターを案内したところ，母が利用を希望し，市障がい支援課へ申請した。障害手帳はなかったが，児童発達支援の必要性が認められたため，相談支援事業所に障害児支援利用計画（案）を依頼し，支給決定を受けた後，児童発達支援センターへ通うこととなった。金銭面では，子ども家庭課とSSWより生活保護制度を説明したところ，母は受給を希望し，市生活保護課へ申請手続きを行った。資産等調査を経て受給が決定し，その後，市生活保護課の就労支援により，工場でのパート勤務を開始した。

⑤　本事例の解説

　近年，学校等からSSWへ「不登校」等を理由に依頼があっても，児童虐待や児童虐待へ発展し得る内容が含まれていることが少なくない。児童虐待を発

見した者，または恐れのある者は，市町村又は児童相談所へ通告する義務があり，学校の教職員は，児童虐待防止法第五条より，児童虐待の早期発見・早期対応に努めなければならない。しかし，虐待が疑われても通告をためらう学校も少なくない。そのため，日頃から学校の教職員へ児童虐待であるかを学校が判断しなくてよいと伝えておくこと，SSWが不在時でも児童虐待が疑われる子どもを発見した際，即座に学校と学校外の機関が連携できる体制を構築しておくこと，教職員が一人で抱え込まない組織体制を構築することが大切である。また，虐待に関する調査は市町村や児童相談所等が行うため，SSWはまず，本人の気持ち（意思）や語りたいと思うことに耳を傾け，寄り添うことが重要である。そのため，日頃から心配な子どもたちとは直接会い，子どもの発言を信じて聴いたり，丁寧に受容すること，学校生活や行事等にも参加し触れ合うこと等を行い，「この大人になら話してもいい」と子どもが思える存在である必要がある。そして，SSWの関わりは児童虐待の通告後も続いていく。本人や保護者，家庭のストレングスに着目しながら，家族形態や環境の変化，保護者の状況も踏まえた包括的なアセスメントや支援を行うことで，他のきょうだいへの児童虐待の未然防止，保護者や家庭を孤立させない環境づくりを実現していくことができる。

5　いじめ（模擬事例）

（1）はじめに

　2021年3月に，名古屋市で中学1年生が，ソーシャルメディアでのいじめの被害を教員に訴えていたにも関わらず，有効な対応がなされず命を落としたという悲しい報道があった（朝日新聞2021年3月16日）。いじめは許されることではなく，関わる者の人権を傷つける行為であるとの認識は多くの人が共有していると言えるだろう。しかし，いじめの認知件数は増え続けている（文部科学省 2019）。

（2）いじめの背景

　いじめ防止対策推進法によるといじめとは「児童等に対して，当該児童等が在籍する学校に在籍している等当該児童等と一定の人的関係にある他の児童等が行う心理的又は物理的な影響を与える行為（インターネットを通じて行われるものを含む）であって，当該行為の対象となった児童等が心身の苦痛を感じているものをいう」（第二条）と定義されている。また，いじめは，いじめの四層構造（森田 2010）でも知られるように加害者・被害者・観衆・傍観者といった，加害者・被害者だけでなく，周囲を取り巻く者たちにも大きく影響して，子どもたちの安全感を喪失していく。

　いじめは，その対応が難しく，先に取り上げた事件においても「「やり返されるのが怖い」と，指導をしないよう頼んだため，学校側は直接的な指導をしなかった」（朝日新聞2021年3月16日）との報道がある。いじめの事実を知っていたのに，大人は結果として子どもの安全を守ることができなかった。さらに，いじめは，ソーシャルメディア等を利用しながら，学校という空間を超えて，子どもたちの生活全体に入り込んできている。

（3）いじめ模擬事例

　小学校5年生のC君は，1学期後半になり，欠席が目立つようになった。担任が自宅に連絡をすると，母親は「最近朝行くときにおなかが痛いと言うことがあり，無理をさせるのもよくないと思って休ませている。小児科を受診すると，胃腸炎でしょうと言われ，薬を処方してもらい，それを飲むとよくなり食欲も戻るので翌日には学校に行かせている。それ以外家での様子は普段と変わらない」とのことだった。担任はC君のことを気にかけながらも，特別な対応はしていなかった。

　ある日の体育の授業の時に，着替えは終わっているはずなのにC君がなかなか教室から出てこなかった。担任がどうしたのか聞くと赤白帽が見当たらないという。その日は赤白帽を貸し体育に参加させた。このときのクラスメートの反応に違和感を覚えた担任は，その日の放課後にC君に少し話をしたいと声を

かけた。

　担任が放課後教室でＣ君を残して，話を聞いた。「最近休みも多いし，何か困っていることはあるの？」と聴くと「何もない」と答えてＣ君はうつむいているだけだった。「なんでも話していいんだよ」，と何度も声をかけるとＣ君はうつむいたまま涙をこぼし始めた。そこに，週２回小学校に来ているSSWが，担任に用事があり教室までやってきた。Ｃ君がうつむいたまま泣いている様子を見たSSWは，担任に「もしよかったら場所を変えて私から話を聞きましょうか」と持ち掛けた。Ｃ君も了承したため，相談室に場所を移し，SSWが話を聞くことになった。

　相談室につくと，SSWは改めて自己紹介をしてから，Ｃ君の好きなことを聞いた。Ｃ君はゲームが好きだったので，ゲームの話を少し続けた。少ししてから，SSWは，「Ｃ君，さっき担任の先生と話していたときに涙をこぼしていたけれど，そのことについて教えて」と尋ねた。Ｃ君は「担任の先生に嫌なことがあったか聞かれたけれど，話したくなかったんだ」と答えた。するとSSWは「Ｃ君が話したくなかったことについて教えて」と問いかけた，Ｃ君は「実は僕，Ａ男とＢ男とけんかしちゃって，仲間外れみたいになってて」と話し始めた。SSWは，Ｃ君のペースに合わせて，何があったのかということをじっくりと聞いて行った。Ｃ君はＡ男とＢ男とオンラインゲームのことがきっかけでけんかをし，その後ずっと仲間に入れてもらえていなかったこと，最初はゲームの中でのことだったけれど，最近は学校でも仲間外れにされてしまうことを話した。そして，今日は体育の前の時間に赤白帽を落としたら，Ｂ男に赤白帽をつかまれて，ハサミで切られてしまったと，今までずっと話せずにいたことをすべて吐き出した。全部話し終えてＣ君は「今話したことってどうなるの？」と心配そうに聞いた。SSWが，「Ｃ君はどうしてほしい？」と聞くと「Ａ男とＢ男とはもう一緒にゲームしなくてもいいから，学校の中では普通にしていてほしい。だけど，お母さんにも言ってほしくないし，Ａ男とＢ男のことを注意したら僕が先生に話したってばれちゃうからそれもしてほしくない」と答えた。SSWは，「私一人だとどうすればよいかわからないから担任の

先生にはこのこと相談してもいいかな」とC君にお願いをし，了承を得た。

　C君にたくさんお話してくれたことに対してのお礼を伝え，C君が帰宅すると
すぐに担任と今後の対応について相談した。担任はA男とB男のやっていることはいけないことで，注意する義務があると強く主張した。C君を守りたいという気持ちも伝わってきた。SSWは，気持ちを受け止めながら，「先生から注意されてもA男君，B男君の行動がすぐに変化するとは思いません，学校の外で起きていることについてまで，先生が関与してC君を守ることができますか？」と問いかけた。そしてSSWは，修復的対話のサークル（RJサークル）を行うことを提案した。SSWはRJサークルについて担任に説明をし，さっそく次の日の道徳の時間に，SSWが参加してRJサークルを実施した。いじめのことを話題にするのではなく，「優しい気持ちになったこと」「うれしい気持ちになったこと」などポジティブな気持ちになった体験を語りあった。子どもたちは，トーキングピースとして準備された，きらきらしている石に興味深々だった。それから，RJサークルをSSWが学校に来る週2回朝の学活の時間の10分時間をもらい，1ヵ月間続けた。この間，C君へのフォローとして，SSWは，週1回放課後C君に声をかけて様子を聞いていた。担任は，C君だけでなく，A男とB男の活躍する場をつくり，たくさんほめることを心がけた。RJサークル最終日には道徳の時間を使い，テーマを「傷ついた体験」と「助けられた体験」とした。

　最後のRJサークルの時間にB男が，ゲームの中である友達を仲間外れにしてしまった話を自らした。「後悔したけれど，後戻りできなくて，どうすればよいかわからなかった」と述べた。それを聞いたC君は，傷ついた体験としてゲームで仲間外れにされた話をした後に，「その友達も困っていたことがわかった。気持ちを知ることができてよかった」と話した。SSWとのRJサークルはその日が最後となったが，そのクラスでは6年生になるまで定期的にRJサークルが児童たちの希望に応じて行われた。他者に敬意を表すこと，話に耳を傾けることがクラスの中に根づいていて，C君の朝の腹痛もなくなっていた。

（4）模擬事例の解説

　いじめの対応においては，小さなサインにいち早く気づき，何が起きているのかということを，正確にそして詳細に大人が把握することから始まる。そのためには，話を聞くためのスキルを身につけておくことが必要である。本事例において，SSWは，C君がリラックスしてお話をできるように，またC君の話す力を知るために中立的な話題から話を始めた。その次に「～について教えて」とオープンクエスチョンで会話を進めることを意識した。オープンクエスチョンは，クローズドクエスチョンよりも，多くの情報を引き出せるため，オープンクエスチョンを多く用いることがデータ収集を効率的なものにする（ヘプワースら 2015: 238）。クローズドクエスチョンの質問をし過ぎるとコミュニケーションを阻害し，取り調べのようになってしまう恐れもある（武田 2015: 236）。SSWとして，何が起きたのかという情報をクライアントの話しやすさを意識しながら，より具体的に聴いていくことが求められる。さらに「いじめ」の事実を話すことは子どもにとって難しいということを理解した上で，話すのを難しくしているブロックを取り除くことを意識することも大切である。具体的な話を聞き取った後に，SSWはいじめの対応として，RJサークルを実施した。RJサークルとは，人間尊重を基本的な価値として行われているもので，人間関係において相互理解を促進し，調和的，親和的な集団を形成することが目的とされている。これを実施することで，いじめを防止できるという根拠に基づくデータは示されていないが，「多様性を理解していることや平和的な時間を共有することによって予防的な効果が少なからずある」ととらえることが可能である（山下 2016: 139）。

　この事例は，専門的な知識と技術を持ったSSWがスムーズにそれらの知識と技術を生かすことができた理想的な場面を設定した。専門的な知識を日ごろから備えておくことが，子どもたちの生活をより安心，安全なものにしていくというSSWの使命につながることを強調しておきたい。最後になるが，いじめにおいては，加害者への支援も重要であり，いじめを目撃していた周囲への支援も忘れてはならない。そして，何よりも被害を受けている子どもへの「安

全の確保であり，孤立感の解消であり，二度と孤立させないという大人の責任ある保障の言葉とその実行」（中井 2020: 77）が不可欠である。

6　発達障害（模擬事例）

（1）はじめに

　本事例では，「発達障害」のある子どもについて取り上げる。近年，「発達障害」という診断名が広まり，学校現場でもSSWが対応を求められる事例が増えてきている。そのような中，SSWは「発達障害」という概念とどのような姿勢で向き合っていけば良いのだろうか。ここでは，「発達障害」を，医学モデルではなく社会モデル，つまり「障害は社会の側にある」という，子どもを取り巻く関係性（環境）の課題として取り上げる。また子どもの権利にも着目して紹介していく。

（2）特別支援ニーズのある子どもと権利

　国連子どもの権利委員会（2019）は，子どもの権利条約に関する日本政府の報告書に対し，緊急に対応すべき課題を指摘した。そこでは，子どもに関連するすべての決定において，子どもの最善の利益が考慮されているわけではなく，子どもが自由に意見を表明する権利も尊重されていないことが深刻に懸念されている。子どもたちは，社会の過度な競争的性質によって子ども時代の発達を害されている状況であり，社会・学校に適応しづらい子どもは「発達障害」とされ，生きづらい状況となっている。特に，注意欠陥・多動性障害をともなう行動上の問題への過剰診断や投薬による治療が増加していることが問題視されている。

　そのような中，ソーシャルワークの基盤はどこにあるのだろうか。それは，ソーシャルワークの価値である人権と社会正義や，ソーシャルインクルージョン，障害の社会モデルの考え方にある。個人に欠損があるかどうかではなく，その人のありのままの状態で社会参加が妨げられてしまうような，周囲の環境

や人々との関係性こそ，「障害（社会的障壁）」として問題にされるべきである。その上で，障害を理由として一般教育制度から排除されないことや，合理的な配慮が提供される中で教育を受けられることなど，権利として保障していく。

　具体的には，SSWはまず，障害のレッテルを外して，本人自身を見つめ，その子が感じている世界に寄り添い，子どもと共に本当のニーズを探すところからはじめる必要があるだろう。また，学校の要望に流されず，診断や投薬が必要とされてしまうような生きづらさのある社会・学校環境自体を問い直していけることが望ましい。また，学級担任や保護者だけで問題を抱え込まず，チーム学校の支援体制によって，子どもを中心とした協働の視点を持ち，適切な情報提供とサポートの確保をしていく。それらのプロセスには，必ず子ども本人の参加を保障して行なわれるべきであろう。いかなる子どもに対しても自由に意見を表明する権利とそれを尊重される環境を保障するのがSSWの役割である。また，障害のあるなしに限らず，すべての子どものインクルージョンのため，包括的戦略を確立していくことが求められている。

（3）特別支援ニーズのある子どもの支援事例

①　子どもの声をキャッチする

　「家族を殺したい」。突然Bくんから言われてドキッとした。SSWは公立中学校に週2回配置されている。中学2年生のBくんは，学校で感情が爆発してしまうことが多く，イライラすると授業を抜け出してしまうことが多かった。先生はみんなBくんの対応に手を焼いていた。SSWは時間が空いていれば，たまに別室でBくんのクールダウンに付き合い，話を聴いていたのだった。

　Bくんから家族の話が出たのは今回がはじめてだった。そこで，SSWがBくんの話を一緒に整理しながら聴いていくと，家庭での様子が見えてきた。Bくんの家族は，父・母・姉・祖父母であるが，みんなから毎日家で怒られているらしく，全てが嫌になってしまったようだった。「家族全員が敵だ！　誰もぼくのことをわかってくれない！」と話してくれた。また，学校から帰ると，毎日苦手な勉強を強制的にさせられていた。答えを間違えたり，集中できない

と，人格否定をされるようだった。家庭はBくんにとって，落ち着いて休める場所ではないようだ。特に家庭で大きな衝突をした次の日には，それを学校にいるときにも思い出してしまい，イライラしやすくなってしまうとのことだった。Bくんは，学校に適応できない自分自身も責めていた。その後，感情が落ち着いてくると，BくんはSSWに，「助けてほしい」と言った。

② **校内支援体制と協働**

SSWは，Bくんの担任にBくんの話を共有した。担任は，保護者も本人の対応に困っていると聞いており，今回のことをきっかけに家庭への介入をしたいとのことだった。さらにSSWは，週1回開催される校内支援委員会でもBくんの話を取り上げ，管理職・特別支援コーディネーター・養護教諭・SCと共にケース検討を実施した。はじめ，それぞれの先生からは，Bくんの最近の問題行動について多く共有された。そこでSSWは，Bくんの目線から，Bくんの学校・家庭での生きづらさや気持ち，イライラしてしまう背景，Bくん自身が困っていること，今の状況では学校も家庭も居場所となっていないことなどを共有した。その結果，校内支援委員会のメンバーから，「今まではBくんの感情コントロールのできなさとか，そのためのスキル獲得や医療連携ばかりを考えてきました。保護者にもそれを伝えてきたので，保護者もBくんも両方追い詰めてしまっていたのかもしれないですね……」，「学校自体も，保護者を支え，Bくんにとっても過ごしやすくなる環境になるために変わっていかなければいけないですね……」などの声が上がった。そこから，学校でBくんがBくんなりに頑張っている出来事の共有や，Bくんの良さが活かせる支援のアイディアも出てきた。最後に，校内支援体制の再調整と役割分担を行い，家庭への介入の方向性も定まった。偶然その時期は，学校での保護者面談の時期だったので，保護者の了解のもと，SSWも同席させてもらうことになった。

③ **保護者に寄り添い協働する**

面談には，お母さんが来てくれた。まずは担任から，学校でのBくんの様子を伝えた。その後，SSWが家庭での様子を聴いていくと，お母さん自身もBくんの対応に疲れ果てていて，限界な様子がわかった。お母さんは，Bくんの

成績が悪く，このままでは将来進学や就職ができないのではないかという心配と，家ではいつもダラダラしていて言うことを聞かないこと，家族みんなでBくんを怒ってしまうと，Bくんが暴れて手が付けられないことを話してくれた。SSWからお母さんに，「本当はBくんにどんなふうに関わりたいですか？」と尋ねると，「本当は，もっと冷静に接したい。もっと優しいお母さんになりたい……」と言って，泣いていた。SSWは，そのようなお母さんとしてのプレッシャーやストレスに寄り添いつつ，どうしたらお母さんが望むように本人に関われるのかを一緒に考えた。さらに，お母さんだけで大変な状況を抱え込まないように，今後も学校と一緒にみんなでBくんを育てていこうと伝えた。また，Bくんが学校で頑張っていることをたくさん共有した。Bくんは，クラスの子に優しく，昼休みにはクラスのみんなで遊べるようなイベントを企画するなどのリーダーシップがあった。その経験を積み重ね，行事でも委員をやるまでになっていた。お母さんは，小学校時代からBくんは問題児だと思っていたので，Bくんが学校で頑張っていることを知って驚いていた。担任からは，今後も家族に安心してもらえるように，学校でBくんが頑張ったことを定期的に報告することを約束した。さらに，家では学習をあまりしなくてもいいように，放課後の学習サポート教室も紹介した。家庭ではその分Bくんがゆっくり休める体制づくりをめざしていくことにした。

④　家族の関係性に介入する

　お母さんは，残りの家族に（父，姉，祖父母）にもBくんの状況を伝えても，理解してもらえる自信がないとのことで，SSWにも協力してほしいとのことだった。そこで，SSWは母とBくんと作戦会議をし，どのように家族にアプローチをするか考えた。その結果，SSWが家庭訪問し，家族全員を集めて家族会議を開くことになった。

　家族会議当日，SSWからは，家族みんなに，Bくんが学校で頑張っていることや，良いところを発表した。また，他の家族からもBくんの良いところを一人ずつあげてもらった。Bくんは，家族が自分のことをそのように思ってくれていたことに，驚きつつ嬉しそうだった。また，Bくんからも家族に怒らな

いでほしいことを伝えることができた。家族はBくんの話を理解しつつも，Bくんに最低限やってほしいことがあった。そこで，Bくんも納得できるように，みんなで家庭のルールを決め，その分家族もBくんが家でリラックスできるように協力することになった。

　その後もSSWが家庭訪問し，何度か家族会議を開くこともあったが，徐々に家族だけで対話して解決できることが増えていった。また，SSWが紹介したペアレントトレーニングの講座には，お母さんだけではなくお父さんも一緒に参加し，家族全体がBくんに対してポジティブな関わり方になっていった。学習に関しても，成績だけで判断するのではなく，Bくんの努力自体を褒めてくれるようになった。

　徐々に，Bくんは学校でもイライラすることは減っていった。授業もBくんへの配慮を柔軟に取り入れているので，Bくんのペースで集中できるようになった。翌年には，Bくんに合った高校に合格することができた。卒業式の日，Bくんの家族全員が来てくれた。Bくんは，「この学校とこの家族で本当に良かった。みんな自分のことをちゃんとわかってくれている」と言っていた。Bくんも家族も先生たちも，みんなの笑顔は晴々として誇らしげだった。

（4）事例の解説

　本事例は，公立中学校配置型SSWの取り組みを参考に作成した。配置型のSSWには，日常的に学校内で子どもと共に過ごし，子どもの声を聞くことができるという強みがある。つまり，学校から見た子どもの問題や要望のみに焦点を当てるのではなく，子ども自身が困っている出来事や環境を子どもの視点に近づけて共に体験することができ，また子どものストレングスも発見しやすいので，ポジティブな支援のアイディアも思いつきやすい。さらに，家庭での衝突した出来事も，時差が少なければ，その出来事についての子どもの言語化を促しやすく，さりげないヘルプをキャッチしやすいため，早期発見につながるだろう。学校支援体制の一員となることで，チーム学校として動くこともできる。SSWの仕事は，サービスの紹介や「つなぐ」ことに注目されがちで，

「発達障害」となるとパターナリスティックに医療化されることが多いが，今すでにある関係性へのポジティブな介入を通じて，本人と家族のストレングスを元に，エンパワメントにつなげていくことも重要なのではないか。

7　多文化共生

　日本で働く外国の方が多くなってきている。日本という地に根差して，日本の社会の支え手となっている。生産業でも福祉の場でも，それらの方々なしには成立しないほど，日本の社会は彼らに頼る部分が大きい。

　家族とともに来日している人もいれば，来日してから家族を持つかたもいたりして，その家族の形は様々である。自国の文化や宗教はその方々のアイデンティティであり，さらにその上にその家族の文化が形成される。家族の中での役割の捉え方や教育のあり方についての考え方の違いが子どもの生活にあらわれる。日本の文化と自国の文化の間で，子どもたちは戸惑うことになる。

（1）相談の概要
　学校配置のスクールソーシャルワーカーに，ある学級担任から相談が入った。中学1年生の女子の諸費が滞納されている。保護者にそのことを伝えたいのだが連絡が取れなくて困っているとの相談だった。

（2）インテーク
　まずは，担任，養護教諭とスクールソーシャルワーカーとで情報共有を行った。養護教諭はコーディネーターも兼任しており，小学校からの引継ぎでの情報も持っていた。
①　小学校からの情報
　父は日本人，母はアジア系外国人。父がその国に仕事でいるときに子どもが生まれ，結婚。小学校入学を機に家族で帰国した。その後，弟が生まれたが，父母は離婚。母はそのまま日本にとどまり，仕事をしながら子どもを育ててい

る。弟は現在保育園で年長児。母の仕事は食品製造業の工場勤務である。国には前夫との間の子どもがおり，親せきが育てているそうで，母は仕送りもしているようだ。日本語は話せるが，読み書きは難しいらしい。

②　学校での様子

　裕福ではない様子だが，身なりはこざっぱりとしている。日本語は流暢で学校の授業でも困ることはない。不登校というわけでもなく，欠席が多少多い程度。学習も問題なく，行事ではグループのリーダーを引き受けることもある。学校生活を見る限り，何か問題のある生徒ではない。ただ学校で徴収する教材費などの引き落としができないときがある。学務係に問い合わせ調べたところ，就学援助は受けていないようである。

③　本人の話

　スクールソーシャルワーカーは週明けに校内で少し疲れた様子の彼女にさりげなく話しかけてみた。それをきっかけに校内で顔を合わせると話すようになり，彼女はスクールソーシャルワーカーのいる相談室にも顔を出すようになった。

　週末には毎週のように母の友人たちが子どもを連れて遊びに来て，泊まっていくことが多い。自分はその中で一番年上なので，いつもベビーシッターになってしまう。小さな子どもたちは嫌いじゃないけれど，毎週面倒をみていると疲れるのだと話した。それをきっかけに，家庭のことも話し始めた。母は日本語が得意ではないが，職場でコミュニティができているため，日常の生活は困っていない。役所での手続きや病院での受診などには通訳のために彼女を連れていく。学校を休みたくはないが，様々な手続きなど，母一人では難しい。そのため市役所の手続きや病院などには学校を休んでついてくるように言われる。仕方なく休むけれど，本当は休みたくない。母は仕事の後に職場の人たちと話をしたりしているらしく，すぐには帰ってこない。そのため，弟の保育園のお迎えは，彼女がすることになっている。弟は気にしていないようだけれど，他の子どもたちはみんなお母さんが迎えに来ていて，うらやましいなと思う。

　母の友人というのは職場の仲間でとても仲が良く，コミュニティができてい

る。お父さんがいない家が多いのでみんなで助け合い，子育てをしている。年長の子どもが年少の子どもの面倒を見るのは当たり前なので，休みの日に大人が集まって楽しそうにしている間，自分が小さな子どもたちの面倒を見ている。母は友人の子どもを預かるために彼女に学校を休ませることに，抵抗がない。休みたくないと言ったことはあるが，手伝いをするのは当たり前といって叱られる。それ以上逆らうと，母が逆上していろんなものが飛んでくるので，逆らえない。

　彼女は小学校入学から日本で育ってきており，日本的な文化の中で過ごしてきているため，母とは文化的なギャップを抱えていることが想像できた。母国語があまり得意でない彼女は，情感的なことで母に共感してもらえないことも話した。

（3）支援の経過

　担任との面談時にスクールソーシャルワーカーが同席した。母は小学校のときに学校を休ませることについて学校の管理職から注意を受けたことがあり，今回もそのことを責められるのだと思っていたようである。担任から話す前に，子どもとして親の手伝いをするのは当然であると強く主張しはじめた。スクールソーシャルワーカーは家族が互いに思いやりながら支えあう文化はすばらしいと感じると伝え，彼女が親思いの優しい子であることを話した。その上で，手続きなどの煩雑さは理解できること，異国で暮らし子どもを育てることの大変さをねぎらい，なにかの手伝いができるかもと児童家庭サポートセンターがあることを話し，一緒にいってみないかと誘った。

　スクールソーシャルワーカーと母は役所内にある児童家庭サポートセンターを訪れ，相談した。センターには英語を話せる職員がおり，就学援助の申請のサポートをしてくれることになった。申請窓口まで一緒に行ってくれ，サポートしてくれたのである。センターが役所内にあり，同じ建物内で相談して支援が受けられることが便利だと感じたのか，それをきっかけに，母は役所での手続きの際にはセンターを訪れてサポートを頼むようになった。

　センター職員がファミリーサポート事業を利用してみないかと誘ったところ，応じてくれ，自身が仕事で遅くなりそうなときにはファミサポを利用するようにもなった。弟を担当してくれたファミリーサポートの協力会員の家では，弟を迎えに来る彼女のためにも実費で夕食を用意してもいいと提案してくれた。協力会員の家庭で，そこの家族と一緒に食事を摂ることは彼女にとってとても良い経験となった。それによって日本のごく普通の家庭の様子を知ることができたのである。

　彼女自身は自分が育つ家庭の文化が他の生徒の家庭とは違うことを感じていた。同時に，母と母の友人たちをみて，自身の感覚と違っていることも感じている。自分は日本人だと思っていたが，日本人でもなく，でも母と同じ国の人たちとも違う。自身のアイデンティティに悩んでいた。担任は彼女のその葛藤に気づいていた。たまたまその学校のALTは彼女と同じ国にルーツを持つ方であったため，担任とスクールソーシャルワーカーはそのALTと職員室での雑談の中で，ALTと同じ国のルーツを持つ生徒がいることを話し，校内で気にかけてくれるよう頼んでみた。ALTは自身も同じような葛藤を抱えていたことがあり，彼女の葛藤をよく理解してくれた。時には放課後に時間を取って保健室で彼女の話を聞いてくれている。ALTの文化的な理解と受け止めは，彼女の大きな力となった。ALTの本来の業務は英語の授業の補佐であるが，このケースでは学校のスタッフの一員として生徒の支援に大きな働きをしている。

（4）まとめ

　今回のケースでは「こうすべき」と押し付けるのではなく，文化の違いを受け止めながらも，どう支援すれば日本の文化の中でその家族が生活しやすいのかを考えた。ファミリーサポート事業やALTによる支援など本来の役割だけではない少しずつはみ出す支援を行えたことも効果的であった。

　異国で言語もよくわからないまま子育てをすることの大変さは想像するに余りある。学校からの就学援助等のお知らせなど，話し言葉ができるだけでは理

解できない文書も多い。経済的に困窮したとしても，様々な申請をするための説明を理解し書類を作成することはどんなにか大変なことだろう。

　文化の違いによる誤解もある。親が学校に行かせないとなると，親の義務違反であるのだが，この母も決して子どもに教育を受けさせることを軽んじているわけではなかった。学校は行かなければいけないところであるが，子どもが家族のために親を助けることもまた同様に家族の一員として重要な務めなのである。そういった文化の違いを単に子どもの権利が侵されていると親を非難するだけでは，学校と保護者の溝が深まるばかりで状況は改善されない。文化の違いによって子どもの権利が守られなくてもよいと言っているわけではない。社会の一人ひとりが互いの存在を大切にし，それぞれ違っていることが当たり前であり，いろんな人がいてこそ自然な社会であるという認識が必要である。

8　居場所支援

（1）はじめに

　本事例では近年注目されている子どもの居場所に着目する。子どもの居場所の代表的なものに厚生労働省と文部科学省が一体となって整備している「放課後児童クラブ」と「放課後子供教室」がある。この二つは保護者の就労や傷病など様々な事情がある家庭の子どもの放課後の居場所を保障している。本事例の子どもの居場所は，近年急激に増加している「子ども食堂」である。

（2）本事例における子どもの居場所

　居場所とは，濱田は「居場所には，まず①物理的に居る場所という意味と，②社会的・心理的な側面から居ていい・居たいと思える場所という二つの意味がある．②の社会的・心理的な居場所は，さらに二つに分けられ，(a)他者の存在を必要とする社会的居場所と，(b)必ずしも他者の存在を必要としない個人的な居場所がある」と整理している(11)。

　子ども食堂は島村らによればユニバーサル型の居場所（一次支援）とケア・

支援型の居場所（二次支援）の二層構造で考えることが必要であると述べている。ユニバーサル型の居場所は貧困家庭の児童だけを対象とすると地域の中で却って孤立を深めることになるため広く子どもをキャッチする居場所であり，ケア・支援型の居場所はその子どもの中で課題を抱えた子どもに寄り添い課題の解決にあたる居場所とした。⁽¹²⁾

　本事例の子どもの居場所は，濱田の子どもが居ていい・居たいと思える場所であり，(a)他者の存在を必要とする社会的居場所の子ども食堂である。また，子ども食堂の中で島村らの述べているケア・支援型とする。

（3）子ども食堂の現状

　子ども食堂の始まりは，2012年とされ，⁽¹³⁾2020年の調査では，5,086カ所となっている。⁽¹⁴⁾2017年の全国の公立小学校の数は1万9,794カ所であり，子ども食堂は小学校約4校に1カ所の割合となる。⁽¹⁵⁾

　子ども食堂が急激に増加した背景として，政府が2009年に初めて相対的貧困率を公表し，表面上は見えてこない貧困層の存在が社会的に認知されるようになったことや⁽¹⁶⁾2014年に子どもの貧困対策の推進に関する法律が成立し，行政，関係機関や地域住民が子どもへのはたらきかけを意識するようになったことが⁽¹⁷⁾挙げられる。

　子ども食堂が必要な子どもにとって増加していることは良い点である。また，SSWにとっても，子どもの成長や見守りにつながる場は重要と考えられる。しかし，子どもの貧困を解決するためには，子ども食堂の増加のみではなく，経済的な支援の拡充が必要不可欠となる。家庭の貧困問題が子どもに不利益を及ぼしている場合があるため，SSWは今の子どもの成長と貧困問題など家庭が背負う課題を踏まえた支援を行うことが必要となる。

（4）不登校の子どもの居場所支援

①　地域の子どもの居場所の情報収集

東京都のA市B教育委員会に配属されているSSWには定期的に家庭訪問し

ているＣちゃんがいた。Ｃちゃんは中学２年生の女の子で，友人関係のトラブルにより１年前から不登校となった。訪問すると趣味の話や得意なことなど様々なことを話してくれ，最近は特に料理にはまっているとのことであった。ＳＳＷと話しているＣちゃんは，明るく人とのかかわりを求めているように感じた。

　ＳＳＷはＣちゃんが関係性を拡げられる場所を探すことにした。子ども食堂のことを知り，市子育て課に連絡をした。市子育て課から市社会福祉協議会（以下，社協）が子ども食堂の連絡会（以下，連絡会）を開催しているとの情報を得た。社協に連絡をとり担当者を訪ねることにした。担当者から，連絡会は１週間後に開催されるため，ぜひ参加してみてはどうかと提案があった。ＳＳＷは事務所に戻り，上司である生徒指導主事（以下，指導主事）に連絡会への参加について相談した。指導主事からは参加する理由を確認された。ＳＳＷは①Ｃちゃんの状況を説明し安心して過ごせる場所が必要なこと，②社協が市子育て課から委託を受けて連絡会を主催しており，公的な連絡会であること，③今後の地域との連携に必要なことを伝えた。指導主事から連絡会に参加する場合，守秘義務については，要保護児童対策地域協議会の取り決めを準用するように助言があった。

②　地域の子どもの居場所と事前調整

　子ども食堂の連絡会は社協の会議室で行われた。参加者は社協の職員と子ども家庭支援センターの職員，地域の子ども食堂の代表者５人であった。連絡会の主な内容は子ども食堂間の情報交換であった。連絡会後，ある子ども食堂の代表者に声をかけた。子ども食堂Ｄは２週間に一度開催されており，参加できる子どもを限定しているクローズ型の子ども食堂であった。スタッフは地域のボランティアが中心で，その中学校区の主任児童委員も参加しているとの話であった。ＳＳＷは子ども食堂の様子を確認するため見学することにした。

　子ども食堂Ｄは地域の集会所で行われ，Ｃちゃんの家から歩いて５分ほどの場所にあった。ＳＳＷは代表者と一緒に子どもの迎えに行った。迎えに行く子どもは小学生が３人ほどでＣちゃんの家の近くの子どももいた。集会所に戻る

と数名の子どもとスタッフがトランプをして遊んでいた。集会所の隅で代表者の方と簡単に打ち合わせをした。Cちゃんのことを守秘義務に触れないよう①中学生であること，②女の子であること，③料理が好きなことを伝えた。代表者は，ぜひ夕食作りを手伝ってほしいこと，初めて参加する日はCちゃんの好きな料理にするとの話があった。SSWは次回訪問時にCちゃんに参加する日と好きな料理を確認することを伝えた。打ち合わせが終わると主任児童委員のFさんも来ていた。Fさんに今後Cちゃんが参加する場合，見守ってほしいことを伝えた。

③　地域の子どもの居場所への参加

SSWがCちゃんの家を訪問し，子ども食堂への参加について提案した。Cちゃんは迷っている様子で，「興味はあるけど知らないところに行くのは緊張する」と話した。SSWはまずは見学してみてはどうかと伝えた。Cちゃんは「少しだけなら行ってみようかな」と話してくれた。次回訪問の約束を子ども食堂の日にした。Cちゃんの母には電話で子ども食堂のことを伝えた。Cちゃんが外に出るきっかけになるならお願いしたいと話してくれた。子ども食堂の代表者に連絡し，Cちゃんの参加する日と好きな食べ物を伝えた。

子ども食堂の日，SSWはCちゃんの家を訪問した。Cちゃんの髪にはリボンがついていて，服はいつもよりオシャレであった。集会所に着くとCちゃんは緊張した表情であったが自分の名前をはっきりと伝えていた。夕食まで参加していた小学生，主任児童委員，SSWとCちゃんでトランプやUNOをして過ごした。夕食はCちゃんの好きなオムライスであった。夕食時，代表者からCちゃんに次回の夕食づくりを手伝ってほしいことを伝えた。Cちゃんは二つ返事で「いいよ」と話した。帰りは代表者，SSWとCちゃんで帰ることにした。Cちゃんの家に着くとCちゃんの母が帰宅していた。代表者が母に子ども食堂のチラシを渡し連絡先を交換していた。2回目の開催日はSSWと代表者でCちゃん家に訪問した。子ども食堂に到着すると，Cちゃんは調理スタッフに加わった。Cちゃんの役割は野菜を切り，盛り付けを行っていた。スタッフから「野菜切るの上手だね」と言われ，照れたような表情をしていた。

④居場所を通したつながり

　Cちゃんが子ども食堂に参加し1年ほどが経ち3年生になった。Cちゃんは
SSWが子ども食堂に参加しない日も参加し，調理スタッフの一員となってい
た。Cちゃんの中学校でのサポート会議の後，主任児童委員より，毎年近くの
小学校で焼きそばの屋台を行う。今年はCちゃんに手伝ってもらうのはどうか
と提案があった。SSWから子ども食堂内でCちゃんを誘うのはどうかと伝え，
次回の子ども食堂に参加することにした。子ども食堂に参加すると，Cちゃん
は調理を手伝っていた。夕食後，主任児童委員からCちゃんに小学校の祭りの
話があった。Cちゃんは「やる！」と話した。

　3年生の終わりごろ，Cちゃんは希望していた東京都のチャレンジスクール
に合格した。Cちゃんの夢はお客さんを喜ばせる料理人になることだった。中
学校を卒業しSSWのかかわりは終了した。しかし，Cちゃんは時々子ども食
堂に参加し，ある時SSWが子ども食堂に参加するとCちゃんが勉強をしてい
た。SSWを見るなりCちゃんは「高校の勉強は難しい」と笑顔で話してくれ
た。

（5）事例の解説

　本事例は東京都のスクールソーシャルワーカーの取り組みを参考に作成した。
SSWが定期的に子どもとかかわる中で，子どもが求めていることを感じとっ
た。そして，子どもに合う社会資源を関係機関に問い合わせることで探し，組
織内や子ども食堂と事前調整した。さらに，SSWが子ども食堂に同行するこ
とで，子どもと子ども食堂との橋渡し役となり，子どもが参加することから定
着するまで支援した。また，多くのSSWは中学校卒業と同時に対応を終了す
る。中学卒業後も行くことができる，受け入れてくれる場があることで，子ど
もは安心して地域の中で生活することができると考える。このように，子ども
の居場所を支援することは，現在から未来に渡って子どもの安心や成長につな
がるため，SSWの重要な役割の一つと考えられる。

注

(1)　ルース・リスター著，松本伊智郎監訳，立木勝訳（2011）『貧困とは何か』明石書店，p 104

(2)　同書，p 106

(3)　同書，p 106-107

(4)　テス・リッジ著，中村好孝・松田洋介訳，渡辺雅男監訳（2010）『子どもの貧困と社会的排除』桜井書店，p 281

(5)　内田宏明・福本麻紀編著（2019）『まちいっぱいの子どもの居場所』子どもの風出版会，p 59

(6)　竹山トシエ（2009）「学校事務職員だからこそできること」藤本典裕・制度研編『学校から見える子どもの貧困』大月書店，p 224

(7)　文部科学省（2020）「学校における教育相談に関する資料」p 74-75
　　　https://www.mext.go.jp/content/20201015-mext_jidou02-100002753_01.pdf
　　　https://www.mext.go.jp/a_menu/shotou/seitoshidou/1302902.htm

(8)　厚生労働省（2020）「令和元年度児童相談所での児童虐待相談対応件数」p 1

(9)　厚生労働省（2020）「令和元年度福祉行政報告例の概況」p 8

(10)　厚生労働省（2020）「児童養護施設入所児童等調査結果」表11

(11)　濱田格子（2017）「子ども食堂生活実態調査から見える課題——子どもの居場所としての機能」『姫路大学教育学部紀要』10，p 121-127.

(12)　島村聡・金城隆一・鈴木友一郎・糸数温子（2017）「子どもの居場所等の意義と関係機関等との連携に関する研究——居場所等の機能に着目して」『地域研究』（沖縄大学）20，p 155-165.

(13)　湯浅誠（2017）『「なんとかする」子どもの貧困』角川新書，p 69

(14)　NPO法人全国こども食堂支援センターむすびえ（2020）「それでも増えた！こども食堂こども食堂全国箇所数調査2020結果発表のおしらせ」（https://musubie.org/news/2898/，2021.3.7）

(15)　文部科学省（2018）「文部科学統計要覧（平成30年版）小学校」（http://www.mext.go.jp/component/b_menu/other/__icsFiles/afieldfile/2018/03/28/1403135_04.xls，2021.3.7）.

(16)　NPOカタリバ（2017）「【子ども食堂】現状と課題」（https://www.katariba.or.jp/news/2017/11/02/9882/，2021.3.7）.

(17)　室田信一（2017）「子ども食堂の現状とこれからの可能性」『月間福祉』100(11)，p 26-31.

参考文献

朝日新聞（2021年3月17日記事）学校の説明「納得できない」名古屋中1自殺で保護者会（https://digital.asahi.com/articles/ASP3J77BXP3JOIPE00W.html）（2021年3月

31日）

厚生労働省（2020）「学校・教育委員会等向け虐待対応の手引き」

国際連合 CRC/C/JPN/CO/4-5（仮訳）（2019）「児童の権利委員会 日本の第4回・第5回 政府報告に関する総括所見」
（https://www.mofa.go.jp/mofaj/files/000464155.pdf）（2021年1月21日閲覧）

社会保障審議会児童部会児童虐待等要保護事例の検証に関する専門委員会（2020）「子ども虐待による死亡事例等の検証結果等について（第16次報告）」

ディーン・H・ヘプワース，ロナルド・H・ルーニー，グレンダ・デューベリー・ルーニー，キム・シュトローム‐ゴットフリート，ジョアン・ラーセン著，武田信子（監修），北島英治，澁谷昌史，平野直己，藤林慶子，山野則子（監訳）（2015）『ダイレクト・ソーシャルワーク・ハンドブック——対人支援の理論と技術』明石書店

中井久夫（2020）『いじめのある世界に生きる君たちへ——いじめられっ子だった精神科医の贈る言葉』三晃印刷

森田洋司（2010）『いじめとは何か——教室の問題，社会の問題』中公新書

文部科学省初等中等教育局児童生徒課（2019）「平成30年度 児童生徒の問題行動・不登校等生徒指導上の諸課題に関する調査結果について」（https://www.mext.go.jp/content/1410392.pdf）（2021年3月31日閲覧）

文部科学省 初等中等教育局 児童生徒課（2018）「児童生徒の問題行動・不登校等生徒指導上の諸課題に関する調査」p 39

山下英三郎（2012）『修復的アプローチとソーシャルワーク　調和的な関係構築への手がかり』明石書店

山下英三郎監修（2016）『子どもにえらばれるためのスクールソーシャルワーク』学苑社，p 127-133

山下英三郎・内田宏明・牧野晶哲（2012）『新スクールソーシャルワーク論』学苑社，p 97-102

<table>
<tr><td>終　章</td><td>これからのスクールソーシャルワーカー</td></tr>
</table>

1　教育と福祉の狭間で

　学校に配属される場合も，教育委員会に配属される場合も，周囲の職員の多くは教育職採用の方々である。特に学校配属の場合は，いわゆる多職種の中にソーシャルワーカーが一人の「ひとり職場」ということになる。専門職養成は監督官庁による縦割りになっているので，教育職とソーシャルワーカーでは，同じく子ども領域にあっても学んできたことの共通性は極めて少ない。専門用語一つとってみても，同じ言葉で別の意味を有していることが往々にしてある。例えば，「児童」という言葉は教育分野では小学生を意味するが，児童福祉法では0歳から18未満ということになっているのである。ここに，情報共有や意思疎通の困難さが生じるわけである。そもそも職種の役割として学習を指導する教育職と，生活を支援するソーシャルワーカーでは，子どもに関する価値判断は当然大きく分かれるのである。その中で現在まで，「チーム学校の一員として」という枕詞で教育職との一体化が強調されてきた傾向が強すぎたのではないだろうか。そもそも，専門分野が違うのであり，チームとしての一体化，つまりは組織の一員としての役割に収まっていくことには限界があるわけである。また，一員になってしまうなら，他の専門分野からわざわざ人財を導入する必要はないわけである。違った角度からの価値や方法を持ち込める，専門的な自立性こそ今後の方向性として強調されるべきであろう。

2　会計年度任用職員問題

　また，一方で専門性とは別の要素として採用条件・待遇の現状に大きな問題が存在している。つまりは，教育職が標準的には正規採用であり，給与待遇は法律と国庫からの税の支出で保証されているにもかかわらず，スクールソーシャルワーカーは非正規が標準であるということである。その場合，給与は人件費という予算費目でさえなく，経費扱いとなる。来年度については，予算が成立するまでは雇用がどうなるか厳密に言ってわからないということになる。ましてや，総務省により会計年度任用職員制度が導入されているので，基本単年度雇用ということになってしまう訳である。

　そもそもスクールソーシャルワーカーによって，重要な専門性は地域資源の開発による地域生活支援である。同一地域における勤務年数が短ければ，当然のこと地域との絆も弱くこの専門性は十分身につかないということになる。また，教育職との関係性も，正規と非正規という立場性の違いが，専門性の違いというよりは，責任の重さの違いという別次元の事柄に置き換えられてしまい，充分に専門性が発揮できない環境に陥る例も少なくない。

　この困難な状況の中での改善に方向性について，まず，第1案としては，学校教育法を改正し，正式な学校職員として定足数に位置づけて，養護教諭にように全学校への1名以上の正規職員として配属を国庫負担でなすべきである。これは，かつての戦後直後の児童福祉法改正案における提案であるし，高知県における福祉教諭の先駆的な取り組みにみられたことである。そして第2案としては，自治体福祉職として正規職員として採用し，教育委員会または学校に配属するという方法である。この場合，福祉職として福祉事務所や児童相談所，あるいは公立施設の相談員などに移動することになるが，当該自治体における社会福祉専門職として幅広い専門性を獲得していく可能性を秘めている。

　いずれにしても，現在の雇用労働条件では，スクールソーシャルワーカーの専門性をこれ以上深めていくのには限界があると言わざるを得ないのである。

これからのスクールソーシャルワークの あり方とは？

内田 今日の座談会は，私をはじめ，大学講師の谷口さん，専門学校で講師をされている冨永さん，小学校に配置型のスクールソーシャルワーカーをやられている永野さん，拠点校配置型で中学校に配置されている山田さん，同じく前田さん，元スクールソーシャルワーカーで現在は子ども家庭支援センターに勤務されている福嶋さんの7名で，シンポジウムというかバズセッションに近い形でやっていこうと思います。

　このメンバーは，今回の書籍の執筆者の方々です。この書籍のように序論から始まって各章で展開していき結論を導くというようなスクールソーシャルワーク論の書籍というものはこのところ出ておりません。このテキストは，大学できっちり学ぶような本格的なテキストブックになっております。

　『入門 スクールソーシャルワーク論』というタイトルなんですけど，中身は入門のレベルではなくなっちゃいました。特に私が書いたところはかなり突っ込んだ内容になっていて，学部の1年生では難しいかもしれないです。学部の3，4年生あたりでやっと意味がわかってくるくらいのところですね。序章は比較的やさしいけど，第1章は義基さんが書いてくださっていますが，ここも相当深い専門的な内容になっておりますし，私の「教育行政の中の福祉職」というのは，教育基本法の制定当時のこと，児童福祉法や子どもの貧困対策基本法についてもかなり踏み込んだ内容になっているので，現場の方々がじっくり読んでいただかないといけない内容になっているかなと思います。谷口さんは海外のスクールソーシャルワークについて，全体を見回して書いてくださっています。これについては，スクールソーシャルワークが2008年から始まったと勘違いされている方がいらっしゃいますけれども，昭和20年代からGHQがスクールソーシャルワークを紹介しておりますので，歴史はそこからなんですよ

ね。山下英三郎先生も初めてではありません。そこら辺の歴史をしっかり押さえて，我が国にどう定着していったのかをかなり研究的に押さえています。

そして第5章では，現職の方に実際のご勤務の状況などをベースにして書いていただいています。配置形態によっての業務の流れの違いや，義務教育の学校に配置されるもしくは高校に配置されるスクールソーシャルワークの違いなどが書いてあります。

まず，メゾレベルに関しては，理論的には深まっていません。ソーシャルワーク論でも，メゾは支援会議，地域などと勘違いされている文献が多いです。メゾというのは，マクロの行財政をミクロの現場に落とし込んでいくシステムのことですよ。ここでいうメゾレベルというのは，仲介，媒介システムなんです。そして，スクールソーシャルワークはマクロが弱い。教育委員会の意思決定に対して現場の教員は何も言えない現状なんですよね。本来であれば専門職集団であるとかソーシャルワーカー個人の力量でマクロを見通さないとメゾはできないんです。今回は「事例を学ぶ」というテーマ設定もしていますので，ケースカンファレンスを焦点化して，山田さんに事例を提供していただきました。自治体の社会資源をマクロレベルとすると，ワーカーや教職員が支援を行っていく際にマクロレベルの社会資源をどうミクロレベルに落とし込んでいくのかというシステムがケースカンファレンスのはずなんです。ということで本書ではメゾレベルにケースカンファレンスを置いているということです。

次に，マクロの話は，教育基本法の問題点など，事例というよりは座学的な内容として布置しています。メゾレベルの1システムをケースカンファレンス，2システムを地域と自治体として，メゾレベルのシステムを2段階でとらえています。瀬戸本さんと山田さんが，スクールソーシャルワーカーは地域にどのように働きかけていくのか，NPOとどのような協働をしていくのかについて書いてくださっています。ここには，子ども食堂，子どもの居場所，不登校などが該当してきます。

そして，ミクロレベルの実践はすべてが子どもの権利擁護です。この本質をずらしてはなりません。教職員サポートが主要な役割という方もいるんですけ

ど，教職員を支援するというのは本質的なスクールソーシャルワーカーの役割でなく，教育委員会の指導主義の役割です。ですから，そのような視点は入っていません。支援方法として教職員と協働するというケースはありますが，子どもや家庭を支援するための協働ですので，そこの筋が違ってしまうと，ここで掲げている事例の意味が変わってきてしまいます。「子どもの権利擁護」の手段としての学校との協働です。ここの理念は大切にしているところです。

　最後に，ここは直近の問題で，私や永野さんが大変大きな問題だと思っていることを書いています。会計年度任用職員問題ですね。これは，1年で雇止めを合法化する制度ですので，労働法制上も，専門職の雇用のあり方として大変問題が大きいです。この会計年度任用職員というのがあだとなって，特に東京23区のスクールソーシャルワーカーの流動性が高まっています。私がよく知っている熱心な取り組みをやってきた自治体のスクールソーシャルワーカーが毎年半分退職して半分入ってくるような状態になっています。本書では会計年度任用職員は問題であると書きますし，私も常日頃から知り合いの国会議員や自治体議員に対して常に訴えているところです。

　今日は，「新たなスクールソーシャルワーク像を求めて」のところをみんなで話していきたいなと思っています。執筆者の本音を話す会。皆さん現場の中でスクールソーシャルワークに関わってこられていますので，本音で話してください。現実的にリアルに職業としてのスクールソーシャルワーク業務を今後どうしていくのかというところを考えていければいいのかなと思っています。

スクールソーシャルワーカー活用事業

　まず私から，スクールソーシャルワーカー活用事業についての基本的な話をします。

　文部科学省によるスクールソーシャルワーカー活用事業は今年度で14年度目になります。定義は，児童生徒の最善の利益を保障するため。これは子どもの権利条約ですね。「ソーシャルワークの価値・知識・技術を基盤とする福祉の専門性を有するものとして学校等においてソーシャルワークを行う専門職であ

る」。これを忘れてしまっている人もいて，ソーシャルワーク以外をやってしまう専門職も多いんです。ソーシャルワークというのは何なのかということを押さえた上で学校等で専門的に行わなければいけないんです。当たり前なんですが，学校でソーシャルワークを行う専門職なんです。ここはキーポイント，私が要綱を作るときにねじ込んだ「自己実現」。自己実現というのは教育用語ではなく，ソーシャルワーク理論に基づいて行われるものです。スクールソーシャルワーカーの内訳でいわれるものはスクールソーシャルワーク理論ではありません。ここも気を付けて読んでいただきたいのですが，「スクールソーシャルワーク活動は，個人だけでなく，」と書いてあります。個人に対して支援を行わないのはソーシャルワーク活動ではないと文部科学省の定義に書いてあります。個人だけでなく，児童生徒の置かれた環境「にも」ということなんです。逆に言えば，会議に出ているだけというのはスクールソーシャルワークではないんです。そして，「児童生徒の一人ひとりのQOL」，要するに学習の成果を上げるわけではなく，生活の質を上げるということ。子どもが自分らしい生活を送れているのかについて，今ある既存の学校を維持するのではなく，子どもにとってQOLの向上がなされるような学校や地域をつくるということですよね。ここはかなり原則的な話です。

　しかしながら，それが実現しているかというと全く実現していませんよと，総務省から昨年度勧告が来ました。4点やりなさいと勧告があって，端的にわかりやすいものを一つあげると，「スクールソーシャルワークの個別の活用事例について児童生徒の支援に関する一連の取り組み内容と共に当該取組ごとのスクールソーシャルワークが担った具体的な役割及び連絡調整を図った関係機関がわかるように整理し共有しなさい」という勧告です。守らなければ予算は出せませんよという。要するにスクールソーシャルワーカーというのはどういう職種なのか，学校の教職員は十分理解できていないということです。スクールソーシャルワークの周知度，つまりスクールソーシャルワークが関わった事例があるというのは全国の小中学校の中で大体半分の割合でした。もう半分は知らないということです。文部科学省の授業は基本的に全国統一で一律普遍な

のに，半分しか活用されていないのは大きな問題ですよね。学習指導要領が半分の学校でしか行われていないのと同じことです。総務省の勧告から，スクールソーシャルワークについて，関係者が思っているほど一般的な理解が得られていないということがわかりました。したがって，ここでもう一度基本に立ち返ってスクールソーシャルワークとは何か，学校における福祉とは何かを追求しなければならないと私は考えています。そうしなければ子どもの最善の利益を守ることはできません。

　それでは，口火を切って，問題提起を永野さんからお願いできますか。

何が問題なのか

永野　永野と申します。現在は小学校拠点校配置型のスクールソーシャルワーカーをやっています。僕の問題意識としては，スクールソーシャルワーカーが，いかに専門職として学校組織のなかで定着するか，ということです。例えば僕のいる自治体は，毎年のように体制が変わっています。基本は拠点校配置型ではありますが，持ち校数や各学校への派遣方法がなかなか確定しません。仕組み自体が安定しないため，ワーカーは見通しをもって動くことができないうえ，学校としても，どのようにSSW事業を活用すればいいかわからなくなります。もちろん，地域内のすべての学校がそうというわけではないですが，まだまだスクールソーシャルワーカーの存在は理解されていないし，定着するまでには時間がかかると思います。

　定着していない学校からよくある依頼のパターンとして，「お金を滞納している家庭があるから，なんとか払えるように支援してほしい」といったものがあります。学校にとって，自分たちではやりづらいことをしてもらえるという期待から，こういった依頼が出てくるのだと思いますが，実質的に「取り立て」のような役割を担わされることで苦しんでいるワーカーは少なからずいるかと思います。専門職の扱い方において，カウンセラーは「子ども家庭に対する面談やカウンセリング」，ワーカーは「環境への働きかけ，外部連携」といった形で，文部科学省が示す定義通り，くっきりと役割をすみ分けしようと

いう学校も多くあります。役割分担それ自体が悪いことではないのですが，「家庭訪問」や「外部との連携」といった"手立て面"だけ切り分けられる形で学校から任せられたりすると困ってしまいます。例えば，不登校の子がいたとき，しばしば学校は「保護者に本人を押し出す力がない」といった見方をしてしまいます。その上で，「訪問して迎えに行ってほしい」という依頼をされたりします。「保護者に力がないから登校できない」という，学校としての"見立て"が問い直されることなく，「訪問」や「連携」といった"手立て"だけがワーカーに求められてしまうと，ケースがうまく進まないということはよくあります。僕も1年目は，学校にとって「使えるワーカー」でいなければと思い，朝の迎えや，滞納金の催促など，無理のある介入をしてしまい，案の定，子どもや家庭との関係を崩してしまうことがありました。学校の期待に応えようとするあまり，子ども家庭との関係構築が後回しになってしまったわけです。おそらく，依頼があった時点で，うまく断ることもワーカーの側には必要だとは思いつつ，ひとり職として校内にいると，どうしてもそれができない瞬間があります。

　重要なことは，スクールソーシャルワーカーが「自らの専門性をどこで示すか」だと思います。それは，具体的には"見立て"の段階です。ワーカーは見立て，すなわちアセスメントの専門職でなければいけない。例えば「家庭の養育環境に問題がある」といった，学校内の凝り固まった言説を変えていく，あるいは問い直していく実践として，専門職としてのアセスメントを示していく必要があります。そのためには，子ども家庭への直接的な介入以前の段階から，校内でのやりとりにワーカーが参加できていることが望ましいです。その意味で言えば，スクールソーシャルワーカーの活用をめぐる議論が，「うまい使い方／使われ方」というような言葉で語られているうちは，スクールソーシャルワークの定着はないのかなと思います。教員とは「使い−使われる関係」ではなく，あくまで協働関係ですので，見立て段階から教員と対等にやりとりできる場がないとおそらく我々の立場も安定しない。その観点をワーカーの側が持っていなければ，「使えるワーカー」であってほしいという学校側の見方に

流されていってしまうのではないかと思います。

内田　はい，ありがとうございます。小学校配置型ということで，永野さんの自治体は，スクールソーシャルワーク30名配置で，小学校は拠点配置型で，呼ばれれば行くという方式で中学校も増えた仕組みですね。前は50名くらいいたみたいですが，ワーカーが確保できなくて枠が自然に減らされてしまったようです。小学校を拠点とした配置型というのは，考え方としては学区を担当するスクールソーシャルワーカーということですね。これは私の理想にかかわってくるんですけど，今日のメンバーは拠点校配置型のワーカーが多いですね。山田さん，前田さんも拠点校配置型のスクールソーシャルワーカーです。それでは，自己紹介がてら山田さんからお話しいただけますか。

山田　私はスクールソーシャルワーカーとして中学校に配置されていますが，学区配置型なので小学校もいくつか担当しています。私が働いている自治体は，比較的配置型の歴史もあり，スクールソーシャルワーカーはかなり定着していると思います。もちろん，それぞれの学校ごとに活用のされ方の違いが生じることもありますが，それがソーシャルワーカーの役割として矛盾する場合には，教育委員会の指導課が介入してくれたり，校長・副校長連絡会でもスクールソーシャルワーカーの活用方法の話をしてくれる先生がいる等，自治体全体でサポートしてくれている印象があります。そこで，私が最近感じていることについてお話しします。尊敬するスクールソーシャルワークの先人たちが必死に切り開き，学校にソーシャルワークの価値や福祉的な視点を持ち込んで年数が経ってきた中で，その必死に切り開くだけのフェーズが，（特に都心では）落ち着いてきたという気がしています。そして，「継続的に子どもの権利を守っていく」ために，「私たちがソーシャルワークの価値や倫理と向き合い続けられる体制とは何か」を考えるフェーズに来ているんじゃないかなと感じています。それぞれの自治体によってフェーズは変わっていくし，管理職が変わればまた変わってしまうこともあるかもしれないですが，「子どもの権利を守っていくための学校組織とは」，ということも考えていく必要があります。私たちが学校の指導的価値に染まって子どもを指導してしまったりとか，私たちの考えを

押し付けて子どもへの権利侵害をしてしまったりだとか，そういうことが生じてしまう「恐れ」というのは常に持っておくべきだと思うんです。私たちの今の働き方や学校組織の中で，ソーシャルワークの価値や倫理を維持し続けることは，いかに難しい環境であるのか，また子どもを傷つけてしまうリスクはいつも伴っていること，そこから目を背けず，向き合い続けていく必要があるのではないでしょうか。まずは働く場から，自分たち自身をメンテナンスできる環境整備をしていく必要があると思っています。その恐れを持ちつつ，メンテナンスをしつつ，私たちもどのように守られていくべきかを考えていく。ワーカーが守られた安心感を知らずして，子どもに安心感を与えることができるのか。私は，ワーカー自身の安心感が，結果的に子どもを守ることにもつながるんじゃないのかなと思っています。

内田　ありがとうございました。山田さんは発達障害を専門にしていることもあり，どのように子どもの権利の保障のための学校環境を整備し，それを子どもに合わせていくのかという側面ですね，そこにかなり力点を置かれた考えを持っていらっしゃると思います。

　それでは前田さんお願いします。

前田　山田さんと同じ自治体で中学校拠点配置型スクールソーシャルワーカーをしております前田です。簡単に私がいつも感じている課題提起をすると，私自身はスクールソーシャルワーカーの養成や採用にまだまだ課題があるなあと感じています。私自身，新卒新採でスクールソーシャルワーカーになったんですけど，大学でもずっとスクールソーシャルワーカーになりたいと思って勉強してきました。その中でスクールソーシャルワーカーという職業自体がまだまだ知られていないということを感じていました。周りからすごく言われたのは，「難しい仕事だし食っていけないよ」と。「最初他の仕事や教員をやったら？」と。それ自体はありがたい助言だなと思いながらも，私自身はスクールソーシャルワーカーになりたくて勉強していたので，なりたいと思う学生が増えている中でスクールソーシャルワーカーを安心してめざせる環境がまだ整っていないんじゃないかなと感じています。また，私のように新卒新採でスクール

ソーシャルワーカーになれたとしても，そのあとの養成や研修体制がどこまで整っているのか，会計年度任用職員にも関わりますがずっと働き続けられる仕事として安定した雇用なのか，そういったところは大きな課題だなと思っています。私はスクールソーシャルワーク養成課程の非常勤講師もしているんですが，スクールソーシャルワーカーをめざしたいという学生がいる中で，私は純粋にスクールソーシャルワーカーになりたくてなったので，そういう学生たちを応援したいという気持ちから受けましたが，現状としては雇用体制やスクールソーシャルワーカーとしての基本的な専門性を持った学生をどう育てるかとか，それを大切にしながら子どもの権利を守るワーカーをどう育てるかが自分の大きな課題意識です。

内田 日本社会事業大学は１学年200人くらいなのですが，入学当初は30人くらいがスクールソーシャルワーカーになりたいと希望を出しています。ですが，４年生のこの時期には２，３人になってしまう。はっきりと「非常勤ということがどうしても踏ん切りがつかない」と話をし始めて，つい昨日一昨日にも，４年生でスクールソーシャルワーカーになりたいと言っていた人が一般の福祉事業所に内定をもらってそっちに行ってしまいました。もし公務員試験で採用されればそこからスクールソーシャルワーカーになるという進路形成はできないんです。スクールソーシャルワーカーの採用は11月から始まって，ピークは12月なので，普通の４年生はしびれを切らしてその前に内定をとっちゃうというのが現状です。そういった現状もあって，スクールソーシャルワーカー現職の平均年齢は下がってこない，不健全な状況になっています。新卒の若者たちが入ってこないと発展しないので，そこは大きな問題と思っているところです。それでは，単独校配置型で高校のスクールソーシャルワークをされていた冨永さんから，今スクールソーシャルワークについてお考えになっていることを自己紹介と合わせてお話しいただけたらと思います。

冨永 高校のスクールソーシャルワーカーをしておりました冨永と申します。市町村でも小中学校の派遣型スクールソーシャルワーカーとして働いていましたが，メインは高校でした。最初は１校に配置され，その他２校の高校へ派遣

する形で活動していました。異動して，教育事務所から30校以上の高校へ派遣されるという形態で働いておりました。

　問題提起ですが，高校生に絞らせていただくと，義務教育ではないということがすごくネックになっていました。学校や自治体，地域の関係機関と連携する際に，「高校生だから困っていれば自分で助けを求めるでしょ」「自分から何も言って来ないから大丈夫でしょ」と言われてしまって。いろんな方がお話しされているように，子どもの権利を守りたいのに守ることができないことも多くあって，どのように周りを説得していくかが大変でした。また，私が勤めていた高校のスクールソーシャルワーカーは都道府県の教育委員会で採用されるのですが，周りの方は様々な経歴，ご活躍された方が多かったので，どうしても当時の私の20代という年齢などから専門性や経験がないと判断されることも多く，加えて非常勤職採用というところで専門性がないと言われてしまうこともありました。1年間という期間で採用されるので，「来年いるかわからないのにお願いできない」というのも結構言われてしまって，踏み込むことすらもできない。自分自身の力量不足で説得できなかったことも反省だったなと思っています。また，派遣型では，30校以上の学校へ行きますので，いろんな認識があって。そもそもスクールソーシャルワーカーという言葉すらも知らなかったり，「教育委員会に言われたからあなたを要請したけど，私たちは必要としていません」と言われてしまうこともありました。

　あと，私たち大人よりも高校生の方が，インターネットやネットゲームなどを上手に使いこなせていることが多いです。高校生たちはそこでつながりを作っていたりと，つながり一つとっても大人と高校生では違っていました。SOSや本音の出し方についても，周りの大人の認識と子どもが出したつもりのSOSが違っているんですよね。内田先生も仰っているように，今，高校生の自殺増加の問題があると思いますが，ニュースになっていないだけで，自殺に近い未遂の案件を聞くことがここ数年増えてきているなあと実感しています。もともと死にたいという言葉や，自傷行為から支援を行ったお子さんはゼロではありませんでしたが，自殺未遂行為にまで至ってしまっている子どもが増えて

きているということは最後の数年で強く感じていました。この問題に関しても，関係機関と連携している中で，自殺の可能性というリスクを伝えても，「きっとないでしょ」と言われてしまうんです。あってからでは遅いという認識をいろんな現場レベルに持ってもらうこと，その行為をする前の予防，そしてそれよりももっと前の予防をしていかなければいけないということを現場で感じていました。17歳，18歳に対する資源が少ないというのはいろんなところでいわれていますが，そこも感じていました。

内田　ありがとうございました。ここまで，小中高という学校団体でスクールソーシャルワーカーをされていた方のお話を聞いてきました。それでは，市の教育委員会に配置され，派遣型でスクールソーシャルワーカーをやっていた福嶋くん，今は子ども家庭支援センター配属ですけれども，スクールソーシャルワーカーのこと，そして子ども家庭支援センターに移ってから思うことなどがあったら教えていただけますでしょうか。

福嶋　2年前ですね，大学院生の時に派遣型のスクールソーシャルワーカーをしていました。スクールソーシャルワーカーになった経緯としては，欠員が出て入ってくれと言われて，入職しました。2年度目にはスクールソーシャルワーカー歴が1番長かった人が辞めてしまって，なぜか2年度目の私が一番長いという環境でやっていました。1年目はスクールソーシャルワークのチームとして，みんなで判断したり考えたり相談しながら子どもや保護者と関わったりという対応ができていたんですけれど，2年目はその方たちがいなくなってしまって……。また，最初は教育相談センターという場所にいたんですけど，スクールソーシャルワーカー歴の長かった人たちが指導主事との関係性が難しくなってしまってお辞めになったので，その後は教育委員会に席を移されて指導主事に管理されているような環境でした。1年目はすぐに先輩たちに相談しながら対応できたんですけど，2年目はどう対応していいかがわからない中で，苦肉の策で指導主事にも相談しながら支援を行っていました。相談相手としてよくみてくださったのは就学相談の先生で，もともと小学校の校長先生をされていた方でした。派遣型という配置形態だったんですけど，家庭訪問とか，子

どもと遊んだり一緒に学校に行ったりをメインで行っていました。今は自分が抜けて子どもとのかかわりが少なくなってしまっているようなので，最後の1年はもう少し組織作りをしていればよかったなと思っています。

　今の市に就職したのは，スクールソーシャルワーカーの正規採用が自治体職員のローテーションに入っていまして，あわよくば初年から入れればなと思って自治体職員を受験し，採用されたという経緯です。子ども家庭支援センターに勤めていて思うのは，何かあったらすぐ相談できる人がいないとうまくいかないということ。虐待対応がメインなので，精神的なきつさや対応力判断力が必要になります。個人の力量も大事なんですけど組織として対応していくというのが子ども家庭支援センターかなと。スクールソーシャルワーカーについては，まず組織づくりが必要だと思います。

内田　それでは，ここまで経験のある方と現職の方のお話を伺う中で，興味深かったこと，あるいはもう少し聞いてみたいところがあったら谷口さんからご指摘いただけたらと思いますが，いかがでしょうか。

谷口　ありがとうございました。すべての話が興味深かったです。特に養成についてや，雇用体制についてというお話があったかと思いますが，私も養成に携わっているので養成の大切さを感じています。普通の職場では先輩たちにSVを受けられる環境が整っていますが，スクールソーシャルワーカーはほぼ一人職場なのでSVを受けることが難しいことが多いと思います。養成という部分でどこまでできるのかなというところが大切なことと，雇用についても課題を感じます。例えば非常勤であっても週4，5日勤務であればまだいいんですけど，非常勤で月数回しか勤務しませんという自治体もあります。そうなるとどういうふうに仕事をやっていけばいいのかっていうそこから難しくて，専門性を高める以前に働くための環境を整えることが大切なのかなと思っています。

　1人職場も多くSVの機会も得られにくい場合もある中，同職の方たちとの連携方法やお互いに専門性を高める手立ては現場にあるのかなというところをお聴きしたいです。

内田　ありがとうございます。現状，養成なくして採用行為がなされていますね。いくら養成しても雇用条件のせいで最終的に受けなくなってしまうという。私の教え子で現職のスクールソーシャルワーカーは11人いて，この業界でも内田ゼミが新卒スクールソーシャルワーカーで最大だと思いますが，それでも11人しかいない。雇用に関して，月数回勤務という人は果たして専門職と言えるのだろうかと疑問です。私が単独校配置型を2校兼務して週4日勤務とすることを要請して実現させた例があります。単独校配置型でも最低週4日じゃないと専門職の仕事はできませんので。そこは地方部と都市部で全然違っていて，激しい乖離がありますよね。福岡や名古屋などは常勤形態になっていますが，厳しい地方の県が多いです。

スクールソーシャルワーカー同士の勉強会

　それでは，職場の同職種の方々とのつながりとか勉強会みたいなのがあるかというところを永野さんからお話しいただけますか。

永野　僕のいる自治体は拠点校配置でワーカーは学校に配置されています。1年目からいきなり学校に1人で配置されるため，横のつながりがないままスクールソーシャルワーカーとして働くことになります。もちろん研修はあるのですが，新任者であれば座学のものが年に3〜4回，現任者の場合は1回か2回行なわれる程度です。スーパーバイザーの役割を担う人はいるのですが，学校で働いたことはない，自治体採用の専門職がやっていたりします。また，地域のワーカーどうしが集まる機会も少なく，連絡会という形で学期に一回開かれているのみです。毎年人が辞めてしまっていることもあり，どうしても困っているポイントがそれぞれ異なるので，お互いに勉強するというのもなかなか難しいですね。熱心な人であれば個人で外部の研修に行ったり，SVを受けたりと自己研鑽をしているのですけど，同じ立場の人たちが安心して自分たちの悩みを話しながら学べるという空間は少ないと思います。これは一般化してはだめかもしれませんが，専門職同士の集まりに行ったとき，必ずしも苦労を共有できるわけではないと感じます。援助者同士「マウント合戦」するような場

面にもしばしば出くわします。きっとみんな職場の中で弱い立場にいたり，痛めつけられた経験があったりするから，ある意味「抑圧の移譲」構造だと思うんですけど……。どうしても，各々のこだわりをぶつけ合うみたいな構図になってしまうことがあります。そういった個々のワーカーの意識によっても，ワーカー同士の連帯が難しくなっているなと感じています。

　先ほど話の中で年齢の話もありましたが，うちの自治体は30代なりたての自分がかなりの若手になります。昨年度までは僕の下の世代も何名かいましたが，辞めていってしまいました。正直，給与の安さの問題も大きいですが，それだけではなくて，そこで成長できていない感覚だとか，無力感だとか，自分の実践が正解かどうかわからない不透明感だとか，多くの葛藤を抱えながら辞めていってしまうんですよね。もちろん，辞めた側の視点は仕組みに入っていかないので，そのあとはただ「人手」が埋められていく。そして新しく入ってきた人たちも，みんな葛藤しながら辞めていく……。そんな悪循環があるように思います。これが「養成」の問題なのか，「仕組み」の問題なのかというところは，改めて考えていかなければいけないなと感じます。

内田　援助職のマウント合戦はおっしゃる通りだなと思います。また，ピラミッド構造を持っている組織については特に傾向が強いんですよね。

　それでは，同じ話題で山田さんお願いします。

山田　私のいる自治体では，月1回のスクールソーシャルワーカー連絡会，そこに重ねて年3回のSV，そして週4日勤務の人は年8回まで外部の研修を受けることができます。研修の参加費は出ませんが，出勤日として日給はもらうことができます。自分が学びたい研修を見つけて参加して，学んだり，外の仲間をつくってきたりする形になっています。また，今の自治体に入ったばかりの頃は，不登校対応に関して自分自身の価値が揺らぐことが多々ありました。例えば，リスクのある家庭の子どもの安否確認の難しさですね。たまたま子どもを見守れる社会資源が少ない地域で，学校しか安否確認できない中，登校しぶりのある子どもに関してどうしたら？ということもありましたし，悩むことも多かったです。そんな中，内田先生がスーパーバイザーだったので，内田先

生の学生に来てもらって，まずは子どもがありのままでいられる遊ぶ場を作っていただいたというところが自分にとっては大きかったなと思います。安否確認やリスクにばかり目を向けず，まずは子どもの願いを中心に考えてみる。内田先生が子どもと対等に関わる姿勢をみて，自分が無意識のうちに大人の価値観で子どもたちと関わっていたことに気づくことができました。内田先生や学生さんに遊び中心で関わってもらったおかげで，引きこもっていた子どもたちは驚くほどぐんぐん元気になっていったんです。そのように，SVの範疇は超えていたかもしれませんが，自分自身が同じ場で体感できたことが大きかったです。様々な研修に行って，いくら頭で理解して「わかった気」や「できている気」になったとしても，本質的な体感からの学びには届かないのではないでしょうか。内田先生のゼミ生は，学部時代にその感覚を身に着けているかもしれないですが，それがソーシャルワーク業界全体では保障されていない中で，改めて頭だけでなく，体感でソーシャルワークの価値に基づいた関わりを学んでいくことが大切なのではないかと思いました。あとは，現状の養成体制に文句ばかり言わず，個人的に自ら学ぶ場をつくっていくことも重要だと思っています。自分自身は価値の合う仲間と定期的にリフレクションをしたり，専門書の読書会をしたり，尊敬できる人やアドバイスをくれる人とのつながりや場を積極的につくったり，大学院での学びなどで補っています。

内田 ありがとうございました。スクールソーシャルワークは座学だけでは育たないとはっきりと思っています。そこは自動車の教習と同じだと思っていて，テキストでやっているのは教習所の座学。演習や実習は教習所内の実技。路上は全然違うよと。実際に子どもと関わって学生同士が語り合うことは，学生同士の仲間作りの面でも大きく重要なんですが，実習では守秘義務の観点などから分断されてしまうんですよね。

　それでは，前田さん，同じ話題でお願いします。

前田 私は山田さんと同じ自治体なので研修体制については割愛します。自身が新卒新採でスクールソーシャルワーカーになることをめざしていたときに，最初は「拠点校配置型は無理，派遣型をやりたい」と思っていたんです。拠点

校配置型は学校の中にスクールソーシャルワーカーが一人しかいない状況なので，自分には絶対無理だと思っていました。しかし，内田先生の縁があって拠点校配置型のスクールソーシャルワーカーをやることになって，拠点校配置型をやってもいいかなと思えたのは，内田先生が近くにいる環境だったからというのが大きいなと思います。自分の中にスクールソーシャルワーカーの尊敬しているモデルにしている方がいて，その方がスクールソーシャルワーカー実習のときの実習担当者で，今はもうやられていないんですが，その2人の方々に10日間みっちりとスクールソーシャルワーカーはどういう人なのか，大事にする価値や理念はどういうものなのかを教えてくださったおかげで，あの方々だったらこういうふうにするかなとお手本にしつつ，なんとかやってこられているかなというのはあります。連絡会では時間も限られているので，ゆっくりケース事例を検討するとか相談するという時間をなかなかとれません。ですが，ありがたいことに内田先生が近くにいる環境があるので，内田先生と話をしているときに「その支援は間違ってないんじゃない」と言ってもらえたりして，そういう部分からも新参者なりにスクールソーシャルワーカーという立場としてやれているという自信につながっています。横のつながりはなかなかないので，それこそ自主的に研修に行ってワーカーさんたちと知り合いになるとかはあるんですけど，あんまり多くはないかなと個人的には思います。

内田　ありがとうございました。私もかなり前から自治体福祉職としてスクールソーシャルワーカーを採用してほしいという持論を持っています。ある自治体とその協議をずっとやってきていて，そこはうちの卒業生が福祉職としてたくさんいるので，教育委員会の人事部長とも話しているんですけど，なかなかすぐには進まないんですよね。明石市は有名な市長なので，スクールソーシャルワーカーを自治体福祉職として正規職員として採用していますね。足立区がそのモデルを取ろうという思考があって，子ども支援センターげんきというところは子ども家庭支援センターと自治体職員が一緒に入っているんだけれども，採用のところではまだですね。自治体福祉職として採用し，ローテーションでスクールソーシャルワーカーや福祉事務所，子ども家庭支援センター，児童相

談所を位置づけることが大事だと思っています。そういう育ちを入職後にしていかないと，教職員の黒子のようなソーシャルワーカーになってしまうので。福嶋くんが働く自治体のように正規採用の職員が福祉相談の様々な部局を回っていきながらキャリアアップしていくことが大事だと思っています。

　それでは，再度皆さんに一言ずつ，これからのスクールソーシャルワークはこうあるべきというところをお話しいただきたいと思います。このお話は第8章第2節に書かれているところですね，今やっているもしくはやってきた業務に照らし合わせてみて，手が届きそうなスクールソーシャルワークの発展形態，これからのスクールソーシャルワークについて語っていただきたいなと思います。

　それでは冨永さんから，お話しいただけますでしょうか。

冨永　現在のスクールソーシャルワークは，先生たちからの「これをお願い」ということに対して動くこと，問題が発生して，どうしても動かざるを得ない状況で依頼が来てしまうことが多いなと思っています。しかし，子どもの自己実現などを踏まえ，また，子どもたちがSOSを発信したいと感じる環境を作っていくことを踏まえると，予防やその前の部分の活動をしていかなければなりません。先生方も子どものことを考えてお話されていると思います。ただ，スクールソーシャルワーカーは人ではなく役割として依頼されるべきだし，敵でもないし，お手伝いでもない。子どものことを共に一緒に考える専門職として認識されるようにわたしたちも活動をしていくべきだと思います。

　そのために，それぞれのスクールソーシャルワーカーが個人プレーでなく，組織で対応できるシステムを，採用されている自治体とともに整えていくこと，そして，スクールソーシャルワーカーは子どもに寄り添うチームの一員であるということが広まっていくように活動していきたいなと思っています。

内田　先生たちが手の届かないところを補完するのではなく，初めから先生や関係機関，スクールソーシャルワーカーも子どものことを中心に考えるチームなのだと，各々がチームの一員として協働しながら子どもを支えていきたいと

いうところですね。

　それでは永野さん，自分の理想とするスクールソーシャルワーク像について
お話しください。

理想のスクールソーシャルワーカー像

永野　自主的に地域で子ども・若者の居場所づくり活動をやっていることもあ
り，「学校を子どもたちの居場所にする」というのが，僕自身この仕事を始め
てからの一貫したテーマです。漠然としたテーマですが，少なくとも子どもた
ちにとって，公教育での経験が，抑圧や傷の記憶ではなく，解放や信頼など，
前向きな意味を持つものになるよう，学校組織やマクロな制度に働きかけるこ
とのできるソーシャルワーカーをめざしたいです。もう少しミクロで考えてい
るのは，スクールソーシャルワーカーの"位置取り"についてです。僕らは，
年齢を除けば支援する対象も多様ですし，それらに対して他の機関のように，
直接自分たちで提供できるサービスもありません。また，例えば──これ自体
は良し悪しですが──医療機関のワーカーが「退院促進」を求められるように，
組織や制度の側が我々の役割を示してもくれていません。そのため，スクール
ソーシャルワーカーは常に，「専門職として何をすればよいか」という自らの
存在理由に悩むことになります。僕もこれまで何度も「スクールソーシャル
ワーカーは何をしてくれる人なの？」と現場の先生方から問われてきたのです
が，「これもできます，あれもできます」的にアピールしてしまったことで，
自分の首を絞めてしまうことがよくありました。おそらく問題は，「何をする
か」「何ができるか」という説明以前の段階にあるように思います。すなわち，
学校という場におけるSSWの"位置取り"──いわゆる「ポジショニング」
──を明確にしないといけない。それが曖昧だからこそ，「学校ではしづらい
ことを"代わりに"してくれる」といった期待につながってしまう。ポジショ
ニングのためにはまず，学校という場の目的に立ち返るべきです。そこは子ど
もたちを成長させる場，すなわち"発達保障の場"であるということ。それに
基づいてワーカーは仕事をする。その目的が明確だからこそ，さまざまな専門

職が共に子どもたちに関わっていけるわけです。これはお世話になった心理士さんからの受け売りなのですが，子どもの成長のために，先生方は「能力を引き出す役割」，カウンセラーは「価値観に働きかける役割」です。では，我々は何かというと，「人と環境の接点に働きかける役割」ということになります。このことは，子どもの権利を基盤としている我々にとっては当たり前のことかもしれません。しかし，学校で先生たちと仕事をしていて，場として子どもたちの成長のために一丸となって動けているかというと，そうでもないなと思う瞬間は多々あります。そういうときに我々は，本来，学校側の論理である発達保障の視点を問い返し，そこに引き戻すことが求められます。そして，その中のチームの一員として，「活用」されるのではなく，「協働」する仲間として，組織の中に入り込んでいかなければいけないなと思っています。そのためには，やはり理想を言うなら，フルタイムの学校配置型にしてほしいなと思っています。それが難しいにしても，学校の仕事を補完するのではなく，学校と協働する存在になることが，さしあたり僕がめざしていることです。

内田 今回の文献にしてもそうなのですけど，自分の大きな研究の枠組みとして，学校の福祉化，学校における福祉的機能の向上とかを考えてみたときに，教育基本法の原点を見てみると，教育の機会均等の保障なのです。現状の学校ではそれが崩れている。教育の機会は不均等なのです。お金がなければ教育を受けづらいということが統計上明らかになってしまっていて，義務教育は本来貧乏人のために作ったのに，金持ちの子がいい成績をとって，部活も優秀だという……。貧乏人は生活が苦しければ無料塾に行けと，学校からエクスクルーズされてしまう現状があります。その中でスクールソーシャルワーカーのポジショニングを明示していかなければいけない。教員は子どもを能力別に仕分けていくことに結果的には寄与してしまいます。その中でスクールソーシャルワーカーが教員とどのように協働していくのか，それを真正面から議論するステージすら，まだ用意されていないんですよね。

　それでは山田さんお願いします。

山田 本来は，子どもに対してどのような姿勢でいるべきかを話したいところ

ではあるんですけど，あえて今回は，どうしたらスクールソーシャルワーカーが子どもの権利を守るために，安心して働くことができるかについて話をしたいと思います。そもそも，学校という場にマイノリティの立場でソーシャルワークが持ち込まれていることも，私たちが働くには抑圧されやすい場であると感じます。管理職が上司になることも専門職以外が上司になることもありますし，カウンセラーなどの他の専門職が大きな力を握っている場合もあります。私たちと対等に対話せず，指示だけをしてくる人もいるかもしれません。さらには，スクールソーシャルワーカー同士でも価値のずれによる対立が生じることもあります。本来であればソーシャルワークの価値に従って同じ方向をめざすべきなのに，自己研鑽や自己覚知を続けていないと，自分自身の考えを他のワーカーに押し付けてしまうことがあります。例えば，子どもは早く起きるべきだとか，清潔であるべきだというような考えが先行してしまうワーカーは，子どもとの信頼関係を第一に考えている他のワーカーのやり方を否定してしまうことがあるかもしれません。また，スーパーバイザーによっては，私たちの味方ではなく，教育委員会の顔色ばかり伺うような人もいるかもしれません。そのように，誰も自分の味方になってくれない，サポートし合えないような過酷な職場もあると聞いています。そのような抑圧的な職場環境を，一気に変えることはなかなか難しいかもしれません。しかし，まずはそのような現実から目を背けず，しっかり環境アセスメントをして向き合っていくことからはじまる何かがあるかもしれません。今できることは，まず自分自身が他者の権利侵害をしない，そして人からもされないという環境づくりをめざしていきたいと思っています。あとは，職場に限らず，スクールソーシャルワーカー同士が抑圧から解き放たれ，安心して本音で話せる場をつくること。スクールソーシャルワーカーは，はじめからものすごい専門性を求められる緊張感がある中で働いていることが多いと思うので。できない自分を隠さなくても良い，自分が失敗したことや，怖い思いをしたことや，今の職場の構造的な問題など，誰からも否定されずに安心して自由に話せる場が，一番重要なのではないかと感じています。一人ひとりが小さなグループをつくっていく中で，それが少しでも広

がっていけば，最終的には大きな力と声になる。それがいつか，スクールソーシャルワーカーの働き方改革にもつながったらと考えています。

内田　ありがとうございます。それでは前田さんお願いします。

前田　まだまだ自分自身が発展途上のワーカーなので，拠点校配置型しか知らないし，理想を語るのはまだまだ早いんですけど……。拠点校配置型で働くワーカーとして思うのは，子どもの未来を子どもも大人もあきらめさせない，子どもに見切りをつけさせない，そういう立ち回りができるワーカーになりたいと日々思っています。学校は能力に合った教育を等しく受ける権利があると法律上はなっているんですけど，家庭の経済状況や子どもの学力，成績，学校生活での態度などで，「あの子にここは無理だよね」とか，「あの子にこういうことを期待するのは無理だよね」とか，主に大人の方が決めつけがちだなというのは常に思います。自分は子どもの背景も知れる立場にあるので，支援にかかわっている子どもや家庭については，「実はこういう状況なので力を発揮できていないんですよ」と言える立場にあるんですけど，先生によっては深いところまで見ていない人もいるというか，1クラス35人〜40人とかいるわけで，その中の一人として子どものことを考えてしまうので，そんな深いところまでは知らないよと勝手に見切りをつけちゃう人が多いなと感じます。それは学校という独特な組織，独特な文化がそういう空気や雰囲気を何年も積み重ねて作っているんだろうなと思います。その組織や雰囲気，学校文化をすぐに変えることは難しいことなので，そういうものがあるという前提の中で，スクールソーシャルワーカーとして子どもの夢をあきらめさせないとか，本当はこういうことがしたいけどできない，本当はこういうことがしたくないけどやらされる，子どもやご家族についてそういうところをスクールソーシャルワーカーが拾って伝え続けられるような，そういうところから学校組織や雰囲気を変えていけるようなスクールソーシャルワーカーが必要なんじゃないかなと思います。管理職によっては「スクールソーシャルワーカーはこれだけやっていればいいのよ」と言ってくる人もいるんですけど，それに屈しないで，「スクールソーシャルワーカーはこういう専門性があるんですよ」，「こういう役割があるんで

すよ」と伝えながら，子どもたちの未来を応援，といったら抽象的になってしまいますけど，自分たちができる方法で守っていくというか，そういうのを自信を持ってできるようなスクールソーシャルワーカーに自分自身がなりたいと思っています。

内田　ありがとうございます。それでは今の話から感じたことを谷口さんお願いします。

谷口　皆さんのお話を聞いていて感じたことは，子どもに寄り添ったり子どもの権利を考えたりというのは皆さんは日常的に行っていて，これからはその先に一歩進んだ視点が必要なのだなと。チームという言葉でお話ししてくださったりとか，学校の雰囲気を変えるというお話もありましたが，これからはメゾマクロも視野に動いていくことがより一層求められているのだと感じました。学校の中でのチーム，地域の中でのチーム，そして自分たちの力を強めるために横のつながりを築くことを意識しながら，子どもに寄り添うこと，権利擁護は大前提で，その先に進んでいけるスクールソーシャルワーカーが増えたら変わっていくのかなと。本日のお話からさらに発展していく可能性を感じ，すごく希望を持ちながら聞かせていただきました。

内田　ありがとうございます。これは執筆者の座談会を公開している形となっています。本が出版できたタイミングを見計らって対面で公開シンポジウムをやりたいなと思っています。あるいはシリーズ的に各章の執者がオンラインの講座を一回ずつ担当するみたいな，さらに研究会として公開の学習研究の場を設けていきたいと思っています。山田さんの言葉でいうと安心して働ける職場環境が保障されているわけではない中で，流動市場になってしまっています。人の入れ替わりはものすごく激しい。本当はスクールソーシャルワーカーをやりたいんだけれども，ほかの仕事を何年かやってから将来的にはというように潜在化してしまう方も多いです。やりたいことは現場で取り組まないと専門性は育ちません。スクールソーシャルワークみたいな難解な分野で簡単には専門性は身につかないんですよ。新卒で正規で仕事ができるような環境を，まずは先行者である我々世代が作っていかなければいけない。若い人の時代ですので，

もう研究会の皆さんには私が早く引退できるように準備してくれと言っています。現場で数年したら辞めちゃうという。業界として健全な状況ではないわけですよ。ここが大きい構造でいえば非常にまずいのですが，国がすぐに変わるということもないので，まずは自治体の例において自治体の議員や市民の方々とコンセンサスを作りながら，スクールソーシャルワークの実践と啓発を地道にやっていくしかないと思っています。こういう例をひとつひとつ積み上げていこうと思っています。私の理想は自治体の福祉職として育てる，そして福祉事務所にも子ども家庭支援センターにも福祉職とローテーションしていく。こういう状況を作っていかないと社会福祉専門職が組織の中で育ちません。どんどんいろいろな福祉事業が民間に下げ渡されて使い捨て労働者のように使われて，介護職なんかは現在技能実習生の職場になってしまいかねません。全体の福祉を見てもそうです。今後も私たちはまずはスクールソーシャルワークを大きなテーマとしながら，福祉というものを私たち自身がどう捉えて，行政の中で評価していただき，予算を付け，人材を育て，子どもたちを守っていくというスケールで考えていきたいと考えています。

2021年6月20（日）実施

資　　料

アセスメント票例

アセスメントシート

作成日：　　　年　　月　　日（　　回目）作成者：（　　　　　　　）

学年・性別	年　組		男・女　　年齢：　　歳	
フリガナ 氏　名				
相談種別	「基本情報シート」より転記（　　　　　　　　　　　　）			

1．ジェノグラム・エコマップ

ジェノグラム	エコマップ（追加情報を含む）

2．本人

項目		現　　状	課題
権利擁護	対象理解（　　　　　）（　　　　　　）（　　　　　）		☐
健康	身体（発育状況や虫歯など）		☐
	既往歴		
	通院歴 （　　　　）		
	（　　　　）		
	出席状況		☐
	学力・成績		
	学習態度		
	社会性		

学校生活	対人関係		
	クラブ・部活		
	集金や提出物		
	進路希望		
	（　　　　　）		
	（　　　　　）		
日常生活	基本的生活習慣		☐
	生活リズム		
	余暇		
	家族との交流		
	友人・近隣との交流		
	（　　　　　）		
	（　　　　　）		
発達特性			☐
本人の思い			☐

３．保護者・養育者状況

	現　　状	課題
経済状況		☐
養育状況		☐
意思		☐

4．きょうだい・親戚等

	現　状	課題
きょうだい・親類等		☐
意思		☐

5．学校

	項　目	現　状	課題
学校	教育指導体制		☐
	学年・学級状況		☐
方針			☐

6．関係機関・地域

	現　状	課題
機関名		☐
方針		☐

7．アセスメントの要約

```
【課題の背景と支援の方向性】


【ストレングス】


【支援課題】


```

8．支援目標

短期	
中期	
長期	

9．予想される危機的状況

本人	
家族	
学校	
その他	

支援計画シート

記載日：　　年　　月　　日（　　　回目）担当

学年・性別	年　組　　　　　　　　男・女　　年齢：　　　歳		
フリガナ 氏　名			
相談種別	基本情報シート」の種別を転記（　　　　　　　　　　　　）		

1．支援目標（アセスメントシートをもとに）

優先 順位	対象者	内　　容

2．支援計画

優先 順位	支　援　課　題	支援内容（誰が，何を，いつまでに，どこまで）

3．期間・モニタリング

計画期間	年　月　日〜　年　月　日	次回モニタリング予定	年　　　月　　　日

4．モニタリング結果

	支援結果	今後の課題
1		
2		
3		
4		
5		

支援経過シート

日時	内　容	対象者・家族・学校・関係機関の状況	支援者の働きかけ

参考：④地域アセスメント様式例

機関・組織名	所在地・連絡先・主な担当者氏名	学校との関係	SSW（教育委員会）との関係

索　引　＊は人名

《執筆者紹介》 所属，執筆分担，執筆順　＊は編著者

＊内田宏明（うちだ　ひろあき）はじめに・序章・第2章・第4章・第6章1，2節・第8章1，2節・終章・
　　　　　　　　　　　　　　　　座談会
　　日本社会事業大学社会福祉学部准教授

　義基祐正（よしもと　ゆうせい）第1章
　　福祉・保育問題研究者，日本子どもを守る会編『子ども白書』編集委員

　谷口恵子（たにぐち　けいこ）第3章・第8章5節・座談会
　　東京福祉大学心理学部心理学科講師

　瀬戸本むつみ（せともと　むつみ）第5章1節・第7章1，2，4節・第8章7節
　　昭島市教育委員会　スクールソーシャルワーカー
　　あきる野市教育委員会　スクールソーシャルワーカー

　前田ちひろ（まえだ　ちひろ）第5章2，4節・座談会
　　小平市教育委員会　スクールソーシャルワーカー

　永野勇気（ながの　ゆうき）第5章3節・座談会
　　さいたま市教育委員会　スクールソーシャルワーカー

　冨永あかり（とみなが　あかり）第5章5節・第8章4節・座談会
　　東京福祉専門学校講師

　山田詩織（やまだ　しおり）第6章3節・第7章3節・第8章6節・座談会
　　小平市教育委員会　スクールソーシャルワーカー

　山本　紘（やまもと　ひろし）第8章3節
　　練馬区学校教育支援センター　スクールソーシャルワーカー

　福嶋優人（ふくしま　ゆうと）第8章8節・座談会
　　日野市子ども家庭支援センター

《編著者紹介》

内田宏明 (うちだ ひろあき)

日本社会事業大学社会福祉学部・大学院准教授。長野大学大学院非常勤講師。東洋大学大学院
社会福祉学専攻博士後期課程単位取得退学。社会福祉士。
主要著書：
『子ども家庭福祉［第3版］』（共著）ミネルヴァ書房，2021年
『まちいっぱいの子ども居場所』（共編著）子どもの風出版会，2019年
『ソーシャルワーク論（しっかり学べる社会福祉2）』（共著）ミネルヴァ書房，2019年

入門 スクールソーシャルワーク論

2022年5月15日　初版第1刷発行　　　　　〈検印省略〉

定価はカバーに
表示しています

編 著 者	内	田	宏	明
発 行 者	杉	田	啓	三
印 刷 者	坂	本	喜	杏

発行所　株式会社　ミネルヴァ書房

607-8494　京都市山科区日ノ岡堤谷町1
電話代表 075-581-5191
振替口座 01020-0-8076

© 内田宏明ほか, 2022　　冨山房インターナショナル・新生製本

ISBN 978-4-623-09337-3

Printed in Japan

山野則子／野田正人／半羽利美佳 編著
よくわかるスクールソーシャルワーク［第2版］
B5・260頁
本体2,800円

鈴木庸裕 編著
スクールソーシャルワーカーの学校理解
A5・264頁
本体2,500円

山野則子／峯本耕治 編著
スクールソーシャルワークの可能性
四六・256頁
本体2,000円

門田光司 著
学校ソーシャルワーク実践
A5・212頁
本体3,500円

春日井敏之／近江兄弟社高等学校単位制課程 編
出会いなおしの教育
A5・236頁
本体2,000円

千原雅代 編著
不登校の子どもと保護者のための〈学校〉
四六・288頁
本体2,500円

友久久雄 編著
学校カウンセリング入門［第3版］
A5・248頁
本体2,500円

木村容子／有村大士 編著
子ども家庭福祉［第3版］
B5・228頁
本体2,600円

木村容子／小原眞知子 編著
ソーシャルワーク論（しっかり学べる社会福祉2）
A5・266頁
本体2,800円

━━━━━━━━━━ ミネルヴァ書房 ━━━━━━━━━━
http://www.minervashobo.co.jp/